恐怖箱

呪祭《じゅさい》

加藤一 編著

竹書房文庫

※本書に登場する人物名は、様々な事情を考慮してすべて仮名にしてあります。また、作中に登場する体験者の記憶と体験当時の世相を鑑み、極力当時の様相を再現するよう心がけています。現代においては若干耳慣れない言葉・表記が登場する場合がありますが、これらは差別・侮蔑を意図する考えに基づくものではありません。

巻頭言

箱詰め職人からのご挨拶

加藤　一

「恐怖箱 呪祭《じゅさい》」は、信仰――祭、神事、儀式などに連なる実話怪談集である。

人は弱い。強い、強くあろうとする者も中にはいるが、大多数は弱い。

故に、何かに縋ろうとする。できれば自分より強いもの、崇高なもの、頼りになるもの。

最も頼りになる存在が神であり、仏であり、祈りであり、神事・祭事や儀式であり……

要するに、人は窮《きゅう》すると現状からの離脱、不幸な境遇からの救済を求めて信仰に縋《すが》る。

その願望は、人智を越えた凶悪な不遇に見舞われたとき、より明確に露わになる。

多くの場合、信仰は縋った者に安寧を与えてくれる。神も仏もそうだろう。家内安全商売繁盛、悪縁を絶ち、良縁を結んでくれる。恐らくは相応の対価と引き替えに。

しかし、神は常に縋った者の味方であるとは限らない。

儀式が、神事や祭事が、正しくないときがある。恩寵《おんちょう》がもたらされるはずが、下されたものがとんでもない凶事であることも、実際に起こり得る。

神の怒りか気まぐれか、神事祭事に落ち度があったのか。

逃れ得ないもの、牙剥く救済者の成れ果てを巡る怪異譚と、対峙していただきたい。

目次

6

古寺の裏手

啓一さんは日が暮れた頃、山の麓にある寺に用事があって赴き、便所を借りた。

歴史のある寺で、建物は古い。便所に入ると、大きな窓がある。用を足して、手を洗いながら何気なく外を眺めたところ、便所から広がった灯りで裏手にある土手がぼんやりと見えた。土手の上には線路が通っているらしい。そのとき、濃い夕闇の向こうから、ゴトン、ゴトン、ゴトン……と大きな音が聞こえて、線路の上を照らす灯りが見えた。

電車が来るな――鉄道が好きな啓一さんは、窓から電車を眺めようとした。

やがて、大きな物体が近付いてきたのだが……。

どうも形状がおかしい。夕闇の向こうから現れたものは、電車ではなかった。

数万か、数十万かと思われる人間の足が絡み合い、わさわさと蠢《うごめ》きながら線路を進んでくるのだ。性別や年恰好は分からなかったが、どの足も何も穿《は》いておらず、青白い光を放っていて、ゴトン、ゴトン、と金属音のような大きな音を発している。それは駅に近付いた電車さながらにゆっくり移動してくると、唖然として目を瞠《みは》る啓一さんを尻目に、暗闇の中へ遠ざかっていった。

法事の土産

山口県在住の高治さんが、お祖父さんとお父さんから何度も聞かされたという話である。

数年前に亡くなったお祖父さんがまだ若かった昭和三十年代のこと。親戚の家で法事があり、お祖父さんは一人で出掛けていった。自転車を漕いで十キロほどの田舎道を走り、到着したときには汗びっしょりになっていたという。

当時、日本の田舎はまだ豊かな時代を迎えておらず、法事で振る舞われる料理は特別なごちそうであった。お祖父さんはその料理を小学校低学年だった息子（高治さんのお父さん）への土産にしたいと考えて一切箸を付けず、折り箱に詰めてもらった。

親戚の家を出て、帰路に就く頃には日が暮れていた。街灯はなく、木立に囲まれた暗い坂道が続いていたが、月が出ているので何も見えない訳ではない。暫く進むと、急な上り坂でペダルが重くなってきたので、お祖父さんは自転車から降りた。料理を見て喜ぶ息子の顔を思い浮かべながら、自転車を押し始める。

すると——不意に上のほうから人の声や太鼓の音が聞こえてきた。前方の左上に灯りが点いている。道の左手に小山があって、斜面に石段が造られていた。その上に赤い鳥居があり、提灯が並んでいる。どうやら神社があって、祭りをやっているらしい。

(あんな所に神社なんてあったかな?)

お祖父さんは少し不思議に思ったが、すぐに息子の顔を思い浮かべた。

(そうだ。お土産に、何か玩具《おもちゃ》でも買っていってあげよう)

お祖父さんは自転車を道端に置いて、小山の石段を登っていった。神社の境内は小山の天辺《てっぺん》にあって、屋台や大勢の人々の姿が見える。

赤い鳥居を潜って、境内に足を踏み入れようとすると――。

突然、辺り一帯が真っ暗になった。提灯の灯りが全て消えてしまったのだ。夜空の月まで雲に隠れてしまい、何も見えなかった。つい先程まで聞こえていた人の声や太鼓の音も嘘のように途絶えて、神社は静まり返っている。

(何だ何だ? 一体何が起きたっていうんだよ?)

お祖父さんは困惑し、鳥居の下から境内に向かって声を掛けてみた。

「おおい! おおい! 誰か! 誰かいませんかあ!?」

だが、幾ら大声で呼んでも答える者はいなかった。境内は草に埋もれて荒れ果てており、死者の国のように森閑としている。その静けさを前にして、お祖父さんは鳥肌が立つ思いがしたという。

　早く引き揚げたほうが良さそうだ。幸い石段には手摺りが付いていたので、それに掴まりながら手探りで一段ずつ下りていった。

　やっとの思いで自転車に戻ったところ、夜空の雲が動いて、月が顔を覗かせた。その明かりを頼りに見れば、自転車の荷台に紐で縛りつけてあった折り箱が消えている。辺りを見回しても、何処にも見当たらない。何者かによって盗まれてしまったのだ。

「ああ、ちくしょうめ！」

　お祖父さんは怒り心頭に発したが、折り箱ごと料理を盗んだ相手の姿は見えなかった。沿道の木立の中は真っ暗闇で、相手に対する恐怖も湧いてくる。もはやどうすることもできず、急いで自宅へ逃げ帰るしかなかった。

　ところが、家に到着して自転車から降りると、荷台に折り箱が縛りつけてある。

（おや、これはどういうことだ？　一度なくなったものがまた現れるなんて……）

　訝《いぶか》しく思いながらも折り箱を家に持ち込んで、家族の前で蓋を取ってみると――。

　酷い悪臭が鼻を突いた。折り箱の中には貰ってきたはずの料理ではなく、蛇や蜥蜴《とかげ》、蛙や大きな鼠の死骸が入っていた。いずれも頭を潰され、腹を裂かれて内臓が飛び出していたそうである。

10

花びらか赤

バルを経営していらっしゃる、小林さんから伺った話。

小林さんの店の前には川が流れており、その川沿いにはソメイヨシノがたくさん植えられている。

満開の頃合いになると毎年恒例の桜祭りが催され、花見客がどっと押し寄せ、周辺は大変賑わうのだという。

小林さんのバルでは、桜祭りの期間中は店先に屋台を出し、ロゼやスパークリングなどのワインや、簡単に摘まめる肉料理などを提供している。

数年前の宵の口のことだった。

その臨時屋台を担当していた二人の女性店員が、わんわんと泣きながら店内に駆け戻ってきたことがあった。

見れば彼女達の肌や、身に着けている白いシャツやら前掛けやらの至るところに、真っ赤な飛沫が付着していた。

一体何事かと小林さんが二人に訊ねてみても、「花びらが！　花びらが！」などと喚くばかりで要領を得ない。

とにかく二人の出血を止めなければと、救急箱を引っ張り出し、怪我した箇所を探してみるも、何処にもそれらしき傷跡は見当たらない。

少し時間が経ち、落ち着きを取り戻した二人の店員に小林さんは改めて事情を問うた。

すると二人の店員は、「突然の突風で物凄い数の桜の花が舞い上がり、屋台や私達の身体に纏《まと》わりついたんです」と語った。

そしてそれら纏わりついた桜の花は、気が付けば花びらではなく、まるで血のような真っ赤な飛沫になり変わっていたのだという。

小林さんは店の外に出て、屋台の様子を確認してみた。

すると屋台の中のワイングラスやら料理皿、また調理のされた料理を保管しているガラスケースなどが、大量の桜の花びらに埋もれた状態になっていた。が、それだけであった。

二人の店員のように真っ赤な飛沫まみれにはなっていない。

店の前の路上も、そこを行き交う多くの花見客の様子にもこれといって変わった様子は見られない。

どうやら飛沫まみれになったのは二人の店員の身体だけのようだった。
この二人の店員は、騒ぎを起こしたことに気まずさを覚えたのか、それともこの場所に気味の悪さのようなものを感じたのか、この数週間後に小林さんの店を立て続けに辞めていったという。

小林さんは毎年、桜祭りの時期になると、この事件が起こるまでは元気いっぱいに店で働いてくれていた彼女達の満面の笑顔を、何よりも最初に思い出すそうである。

防犯カメラの映像

とある国道沿いにて、作業着や工具等を取り扱う小売店を営んでいる熊田さんの話。

数年前のこと。

一日の営業が終わり、一人その日の売上金を計算したところ、少額ではあったがレジの違算が起こっていることに熊田さんは気が付いた。

この店には、配達その他諸々の雑用で外を回ることの多い熊田さんの代わりに、店番をしてくれているアルバイトの男子学生がいる。

早速その彼に電話を掛け、心当たりがないか訊ねてみるも、全く思い当たる節がないとの返事。

彼はとても几帳面且つ生真面目な若者なのだそうで、熊田さんも信頼を寄せている。

熊田さんは彼がレジの金を盗ったなどとは考えてはいないし、嘘を言っているとも思わない。

なので、あまり執拗《しつよう》に質問を続けて、彼のことを疑っていると捉えられてしまっては気が引ける。

　そこで熊田さんは電話をそこそこで切り上げ、何か手掛かりになるものでも映っていないかと、防犯対策の為にレジ上に設置してあるカメラの映像を見返してみることにしたのだという。


　所々早送りしながら、ぼんやりと映像を眺めていく。

　——と、映像内の時刻がおよそ夕方の五時を回った辺りで、画面が些《いささ》か乱れ始めた。

　いや、画面が乱れたというより、それは監視カメラの映像に何かもう一つ別の映像がオーバーラップして映り込んだかのような状態である。

　がらんとした店内を捉えた映像の上に、複数名の人間が盆踊りでもしているかのような場面が映り込んでいる。

　俯瞰《ふかん》気味に捉えられたその盆踊りの映像は、三分間程淡々と続き、その後は徐々にフェイドアウトするように消えていったという。

　店内の防犯カメラは、十数年前に設置された古い装置だ。

　同じ磁気テープに上書きを何千回と繰り返し続けて使用している為、酷使し過ぎて過去の映像の残像が映り込んでしまったのではないか？　などとも考えたそうだが、それだと何故それが盆踊りの映像であったのか説明が付かない。

翌日、監視カメラの映像の話をアルバイトの男子学生にしたところ、気を遣って話を合わせてくれたのか、こんなことを呟いた。

「熊田さんの話を聞いて思い出したんですが、その映像と同じくらいの時間だったのかなぁ。何か祭り囃子のような音が聞こえた気がしたんですよね……笛とか太鼓とかの」

監視カメラの映像の乱れについては、原因は未だ不明のままであるそうだが、レジの違算については、このアルバイトの男子学生がカメラの死角を突いてくすねていたことが数日後に発覚したという。

挨拶は大事

後藤の実家は稲荷を祀っている。

先祖代々大事にしていて、その家の血筋は勿論《もちろん》のこと、結婚して家に入る嫁も皆必ずそのときの家長に連れられて挨拶を兼ねたお詣りをするのが習わしだ。

後藤の兄は祖父が生きているうちに安心させたいと、少々無理を押して嫁を貰った。祖父は直系の孫の嫁取りに大いに満足して、間もなく鬼籍に入った。

兄夫婦には男の子が生まれた。待望の跡取りだ。

だが、身体があまり丈夫なほうではない。ちょっとしたことでよく体調を崩す。

そこで嫁は思い出した。先祖代々の守り神の存在を。

それからは毎日欠かさずお詣りした。

子供が健やかに育ちますようにとそれだけを願った。

だが、お詣りすればするほど子供の状態は悪くなるばかり。

跡取りなのに護ってもらえない。焦燥で信仰心も揺らぎそうになる。

兄は後藤にそう愚痴を零し、後藤は昔からの知人に相談した。

「嫁さん、神さんに挨拶させたかい？」

言われて気付く。家長が長く臥せっていたのと、その後慌ただしく代替わりしたせいか、それとも単なるうっかりなのか。

嫁をお詣りさせていない。嫁だけでなく、息子も挨拶に連れていってない。

「そらおまえ、挨拶もない他人からいきなりお願い事なんぞされても、聞いちゃあくれまいよ」

家長から紹介されて初めて縁が付くと考えるならば、嫁など赤の他人でしかなかろう、と知人に指摘されて慌てた。

その頃、稲荷はお社の傷んだ箇所を修繕中で、塩や水、米などのお供えは毎日のお勤めとしてしてはいたが、ちゃんとした挨拶のお詣りができる状態ではなかった。

それが済み次第、改めて挨拶することになったのだが、その間家中が落ち着かなかったのは言うまでもない。

現家長の後藤の父は、何故今まで気付かなかったのかと暫く落ち込んでいた。

無事挨拶が済んだ後は、劇的ではないものの子供の体調は徐々に改善されているという。

クダギツネ

栗田さんの住む地域は都内でも高級住宅地として知られている地域である。

ある日、そこの新築住宅に、加賀という夫婦が引っ越してきた。奥さんは美人で明るくて人当たりも良く、旦那さんのほうは優しそうな夫婦だった。

加賀さんは近所の奥様達ともすぐに溶け込むことができた。

引っ越し祝いと歓迎を兼ねて、奥様達は加賀さんの奥さんをお茶会などに誘って歓迎した。すると、彼女は奥様方の身に着けている品々を褒めまくるのである。

「奥様の着けていられるブローチ、本当に素敵ですね」

「そのスカーフ、とってもセンスが良くて、あたしも欲しくなっちゃいます」

「いつも奥様の髪飾りは素晴らしくて、自分のファッションにも取り入れたくなります」

持ち物やセンスを褒められて嫌な気持ちになる人はいない。

だが、加賀さんが褒めると、その品物が家から失くなるのだ。何処に行ったかと探していると、同じアイテムを彼女が身に着けている。

ぽかんとしていると、向こうから近寄ってきて言うのだ。

「先日の奥様のブローチが本当に素敵だったので、あたしも取り寄せてしまいました。真似になっちゃいますけど、御容赦下さいね」

そしてにこやかに微笑む。言われたほうは、何となく釈然としない気持ちになるが、彼女と別れて家に身に着けて帰ったのは記憶にある。だからその場で盗まれたとか、彼女が犯人だというつもりもない。

ただ、偶然が過ぎて気になるというだけである。

そんな話が奥様方の一人から出た直後、栗田さんもお気に入りのスカーフを紛失した。お茶会に顔を出したときに、お気に入りのスカーフを身に着けていったのである。その場には加賀さんもいた。翌日洗濯に出そうと探したのだが、それが見当たらない。

さらにその翌日、偶然街で見かけた加賀さんは、栗田さんが失くしたのと同じ柄のスカーフを身に着けていた。

確かに自宅までスカーフを身に着けて帰ったのだから、彼女を疑うのは間違いだと分かっている。しかし、彼女は昨日の今日で、どうやってあのスカーフを手に入れたのだろう。それは五年も前の限定品だったのだ。

ある日のお茶会には、加賀さんは参加しなかった。そこで話に出たのは、やはり同じように様々なアイテムを失くしてしまい、後日加賀さんがそれとそっくりなものを身に着けているという話だった。

一人や二人ではない。アイテムの種類も多岐に亘る。スカーフやネックレスをはじめとして、時計やブレスレット、ブローチにイヤリング、指輪に至るまでが消えていた。

皆、加賀さんが自分の失くしたものと同じものを身に着けているのは変な感じだと漏らした。しかし、彼女が盗んだという証拠もないし、盗まれたなどと表立って言う訳にもいかない。自宅にはセキュリティも入っているし、彼女が忍び込んだ訳でもない。

「あの人、何処で手に入ったのって訊くと、偶然バイヤーに残っていたとか適当なことを言ってはぐらかすのよね。限定のものがそんなに簡単に入手できて堪るものですか」

皆の不信感も限界に達しているようだった。


そんなある日、栗田さんの元に、叔母が遊びに来ることになった。彼女は四国出身で勘の強いところがある。

彼女は栗田さんの自宅に上がるやいなや、鼻をすんすんさせて言った。

「あんたん家、何か動物飼ってる？」

栗田さんの家では動物は飼っていない。そもそも彼女自身が犬猫へのアレルギーがあるため、飼いたくても飼えないのだ。

「変ねぇ。獣の臭いがするのよ。でもこれ、昔何処かで嗅いだことのある臭いなのよねぇ」

普通の犬猫の臭いとは明らかに異なるらしい。栗田さんも嗅いでみたが、特に気になる臭いは感じなかった。


「――思い出したわ。これは近所に住んでいたおばあさんの家と同じ臭いだ」

何の動物を飼われていたんですかと訊ねると、「彼女も正確には何も飼っていなかったのだけどね」と答えた。そんな謎かけのような話に栗田さんが首を傾げていると、叔母は〈クダギツネ〉を知っているかと訊ねてきた。栗田さんには初めて耳にする単語だった。

「動物というよりは妖怪みたいなものよ。そのおばあさんはクダギツネとはちゃんと言ってなかったけど、私はそう理解してるの。だから正確かはよく分からないけど――」

叔母が言うには、妖怪の一種で、狐やイタチに似ている風貌なのだという。竹の小筒に入るほどの小ささで、よく主人の命令を聞くらしい。

半信半疑な話ではあったが、栗田さんはアニメで魔女が飼っていた人語を解する黒猫のようなもの――つまり使い魔の一種だと理解した。

叔母が言うには、そのおばあさんはその妖怪のようなものを使役していたが、それを一切悪いことには使わずに、近所の人が失せ物を相談したときに、それを見つけて持ってくるように仕込んでいたのだという。本来は、誰かの家の富や持ち物をくすねてくるように仕込まれるらしいのだが、そのおばあさんの祖母の代から、そういうことはしないようにしているとのことだった。

　不思議な話ではあるが、失せ物探しで物が見つかったら、料金も取らずに手渡してくれるということで、近所の人たちには慕われていた。お金は受け取らなかったが、野菜やお米などは喜んで受け取った。一方で口さがない人は、そのおばあさんが物を盗んで、それを返しているだけだと噂した。つまりマッチポンプだというのだ。

「でもそれもずっと昔のことよ。私が子供の頃の話」

だから、中々思い出せなかったのだと叔母は言った。

その話を聞いた栗田さんは、彼女に最近起きている話を振ってみることにした。

「実は最近、引っ越してきた奥さんがいてね」

その奥さんにファッション小物を見せるたびに、やたらとべた褒めされるのだが、その夜にはそれが失くなってしまう。それで皆悩んでいるのだと伝えた。しかもその失くなった物とそっくりな品物を、その奥さんが身に着けているということも打ち明けた。

叔母は、やっぱりクダギツネっぽいと頷《うなず》いた。どうもこの家の臭いも、その人の家から忍び込んだヤツの臭いっぽいねと納得したようだった。

どうしたらいいのかしらと相談を持ちかけると、彼女は少し考えた末に言った。

「もっと偉い狐に頼んでみたら？」

お化け同士の話だもの。たぶん上手くいくんじゃないかしら——。

栗田さんは叔母のアドバイスに従って、都内の大きな稲荷神社でお祓いを受けた。お札も拝領して帰ると、早速居間の高いところに飾った。

すると、翌日には失くなったスカーフが返ってきた。確かに置いたはずの場所に、元の通りに畳まれている。

ああ、やはりそういうことだったのか。納得した。だからといって問い詰めることはできない。お気に入りのものが戻ってきたし、もういいか。彼女はそう思っていた。

スカーフを巻いて買い物に出ると、加賀さんの家の前で奥さんと鉢合わせした。

こんにちはと挨拶をすると、彼女は栗田さんのことを完全に無視し、そっぽを向いて家の中に入っていった。露骨に感じが悪い。

やはりこの件なのだろうか。彼女自身の振る舞いがそれを肯定しているように思えた。

数日経って、奥様グループの一人である林田さんが栗田さんの家に遊びにきた。彼女はぎょっとしたような顔をして、そのお札は何かと訊いた。確かに家のインテリアからしても、居間の目立つ場所にお札が貼ってあるのは不自然に思えたのだろう。

「実は、以前から物が失くなっていたりしたことあったでしょう」

「ああ、加賀さんね」

合点がいったようだった。林田さんはそのまま加賀さんへの不満を連ねた。

「あたしもあの奥さんの前では、気に入ったものは着けないようにしていたのよ。栗田さんも見せないほうがいいわよ。だって見せるとぜーんぶ失くなるんだもの」

皆、偶然にしては続き過ぎると思っていると、林田さんは不満を口にした。

その言葉に、栗田さんは、実はそのことで先日お祓いを受けにいったのだと明かした。

「頂いたお札をそこに貼ったら、翌日にはもう失くなってたものが戻ってきたのよ」

その言葉に、林田さんは目を丸くし、明日そのお稲荷様に行ってくるわと口にした。

失くなった物が戻ってきたという話は、奥様グループ中に瞬く間に伝わった。

林田さんも全部元の場所に戻ってきたと吹聴している。その話に乗っかるように、他の奥さんも次々に稲荷神社にお祓いを受けにいった。結果、失くした物は次々に発見された。

当の加賀さんは、全く家から出てこなくなってしまった。メールでお茶会に誘っても、断りのメールすら返ってこない。完全にこちらとの付き合いは遮断すると決めたようだ。

それからひと月と経たずに、加賀さんの家では夜になると壮絶な夫婦喧嘩が起きるようになった。外にまで響く奥さんの怒鳴り声に、道行く人も首をすくめる有様である。

加賀さんの旦那さんも、酷いヒステリーを起こす奥さんとはもう同居することができないと判断したのか、ホテル暮らしを始めたようだ。

すると、寂しさからか、奥さんが外で男と会っていると近所の噂になった。噂の出所は奥様グループである。もう何処に行っても、彼女達の目があるのだ。お気に入りの物を盗まれた恨みは浅くはなかったということか――。

その後の噂によれば、加賀さんは旦那さんに離婚を突きつけられ、結局その家から出ていかざるを得なくなったらしい。それから半年と経たずに、新築だった家も売家になった。

この騒ぎの中、最初から最後まで、物が失くならなかった家が二軒あったことが明らかになった。そのどちらも大きな犬を飼っている家だった。

顛末を報告する際に、栗田さんがそう叔母に伝えると、彼女は「やっぱりね」と笑った。

お○なりさん

私はツイッターのフォロワーさんによく取材のお願いをしている。あるとき、三十代の女性、登戸さんから、こんなメールを頂いた。

『私の母は趣味が高じて自営業を始めたのですが、その頃からお○なりさんを信仰するようになりました。はっきりと名前を記さない理由は、その言葉を口にしたり、声を模倣したりすると、必ず何らかの怪異が起こるからです。おき○ねさんも駄目でした』

彼女の母親は、よく近所の祠に甘い物と油揚げを持って参拝していた。仕事の成功を願うことが多かったが、時には家族に災いをもたらしそうな人間との縁切りを願うこともあった。だが、神は気まぐれで自分の存在を誇示するような悪戯を何度も仕掛けてきた。

『母はよく車で顧客の家を訪ねていました。私は相性の悪い父から逃れたくて、いつもその車に同乗していました。それで何度か経験したことですが、迷うはずのない慣れた道でも、何故か同じ場所をぐるぐる回るばかりで抜け出せなくなることがありました。で、母はぐるぐるが何周か続くと、諦めて赤い鳥居を探すのです。そうすると、必ず近くに赤い鳥居があって、お○なりさんの祠が見つかりました』

登戸さんと母親は、祠の前で「眉唾。眉唾」と言いながら人差し指に唾を付ける。その指で眉毛を濡らしてから、再び車を発進させると、すぐに客の家が見えてきたという。

『あと、十円玉を使って「はい」か「いいえ」かを訊く遊びが流行りましたが、それをすると必ず同じ怪異が起きました。絶対に起こり得ない状況で鏡が割れるのです』

最初はぶつけた覚えもないのに、コンパクトの鏡が独りでに割れた。二度目は頭から胸まで映る大きさの鏡が、壁から突然落下して粉々になった。壁には丈夫な紐と金具で掛けてあったのだが、その紐が切れていたそうだ。三度目は登戸さんの背丈ほどもある姿見を僅かに動かしたところ、いきなり前に倒れて大破している。いずれも十円玉による呼び寄せを行った晩か、翌日の出来事であった。

『大学生の頃、女友達に誘われて、冬の休日に有名な神社へ参拝に行こうとしたことがありました。一泊二日の観光旅行を兼ねてのことです。初日は宿の周辺を散策して、夜もよく眠れました。そして二日目はいよいよ神社へ向かう予定でした。天気は快晴で、朝食をしっかり食べて体調は万全の状態だったのです。でも、そこは蛇神を祀った神社でした』

登戸さんと友達は元気良く喋りながら神社へと出発した。けれどもこのとき、登戸さんはうっかりして会話の流れの中で〈お○なりさん〉の言葉を口にしてしまった。神社は山の上にあって、参道は急な石段を登ることになる。ところが、登り始めて幾らも経たないうちに登戸さんは、身体の具合がおかしくなってきた。息苦しくて仕方がない。急な石段に慣れていないので疲れたのかと思い、友達に頼んで休憩を取ることにした。

参道の途中に売店があって、友達が飲み物を買ってきてくれたのだが、休んでいると青空に灰色の雲が垂れ込めてきた。やむなく先を急ごうと歩き出すと、急に冷たい風が吹いてきて雪が舞い始めた。おまけに足の具合がおかしくなってきたのである。初めは慣れない山道を歩いたので筋肉痛を起こしたのかと思ったが、次第に何者かによって脹《ふく》ら脛《はぎ》を掴まれ、引き戻されかけているような気がしてきた。しかし、振り返っても何もいない。

まだ全体の三分の一も登っていないんだから——自分にそう言い聞かせて登り続けようとしたが、息苦しく、足は重くなったり痛くなったりするばかりで、とても耐えられなかった。

「ごめん……。あたし、寒いし、気持ち悪い。これ以上登れないや……」

友達の話によれば、登戸さんは顔からすっかり血の気が引いて、目が潤んでいたそうだ。

雪の降り方も強くなる一方で、吹雪の様相を呈してきたから、堪ったものではない。

「ここで待ってるから……。悪いけど、一人で行ってきてくれない？」

「私だけ本殿まで行く訳にはいかないわよ」

友達も彼女を気遣い、参拝を諦めるというので、参道を下り始めると——。

吹雪の勢いが忽然《こつぜん》と治まって、登戸さんも身体に活気が甦ってくるのを感じた。参道をすっかり下り切った頃には、吹雪はほぼやんでしまったそうである。

とはいえ、再び参道を登る気にはならず、早々と帰路に就いた。

家に帰ってから足を見ると、足首のすぐ上、脹ら脛の下のほうに大きな牙で噛まれたような赤い痕が残されていた。

更に翌日には、その周り一帯が毒々しい紫色の痣になってしまったという。

『蛇神を祀った神社に行ってはいけない、ということなのか、それともお○なりさんの名前を参道に入る直前に出したことが悪かったのか、どちらが原因か分かりませんが、痣がなくなるまでに、半月以上も掛かりました』

猿

ある山中の神社に参拝に行く途中のこと。

道に迷ってしまった。参道をまっすぐ歩いていたはずなのだが、脇道にでも逸れたのか方向が分からない。

今まで何度か足を運んだが、こんなことは初めてで、どうしようかと思案に暮れていたところ、パサパサと上から落ちてくる無数の鳥の羽。

つられて見上げると、木の上に何匹もの泥塗れの猿が座っているのが見えた。

いや、猿というよりは、泥で作った猿みたいなもの、と言ったほうが良いだろうか。造りが妙に雑で、子供が捏《こ》ねた泥団子を二つ重ねたような身体に、不釣り合いに小さな細い手足が付いていていた。

顔の真ん中に一つだけ鎮座した大きな目と思しきものに瞳孔はなく、目というよりは丸く切り開かれた空間が白く発光しているようだ。

木の枝のような細い手で、足下にある灰色の鳥の死骸《しがい》を掴み上げ、顔の半分はありそうな大きさの口をぱかっと開く。それに圧されて潰れるように丸い目が楕円に変形した。横に引き伸ばされた目が、笑っているように見えた。

そうして鳥を丸ごと口に放り込む。口を動かすたびに羽が散った。

羽が再び目の前に落ちてくるのを見て我に返り、弾かれたように全力疾走でそこを逃げ出した。

何処をどうやって走ったのか、気付けば参道に戻っていた。後を追ってくる、ということはなかった。

アレが何だったのか未だに分からない。

ただ、山を御神体とする神社にとっては、そこに至るまでの道筋も既に神域とも言えるのではないか。そう思い至ったとき、唐突に理解した。

アレらはその領域で命を落としたものを、死の穢れを片付けているのだ、と。

そんなものを見たのは後にも先にもこのときだけである。

或る祭具

木下さんの話。


木下さんの祖父が数年前に亡くなった。

遺品整理をした際、その祖父の家の物置から見慣れぬ木彫りが幾つか出てきたのだという。

小さいものは全長約十センチ。大きなものになると全長一メートル近く。

形状は様々で、こけしに手足を模したのであろう簡素な突起が付いた人形のようなものから、ラバーの貼られていない卓球のラケットのようなもの、或いは先端に返しが付いた鋭い槍のような棒状のもの等々、数にして十種以上。

どれもバラバラな形状であるにも拘わらず、造りが簡素、且つ、用いられている素材が揃って褪せた白木であるが為に、妙に統一感がある。

祖父の家が存在する山間部の集落は、かつて周囲の山々を信仰する独特の儀式が行われていた土地なのだそうで、〈これらは、それら儀式の際に用いる祭具の類ではないのか？〉

というのがこの木彫りに対する木下さんら親族の見立てであった。

もっとも儀式自体、木下さんの父親が物心付いた時分には既に風化しており、その様子を目にした者は今となっては誰一人として残っていない。よって果たしてこれらが本当にそのような祭具であるのか？　はたまたどのように使用されていたのか？　等々、殆ど分からないことだらけであった。

それら祭具の中から、木下さんが祖父の形見にと、一つ家に持ち帰った品がある。

それは先に挙げた、卓球のラケットのような形をした木彫りだった。

祖父の思い出に何か一つと思い立った際に、掌サイズで携行しやすそうだという理由だけで何となく手にしたのだという。


木彫りを自宅に持ち帰ってから、およそ十日ばかりの日数が経った頃のこと。

木下さんが会社から帰宅すると、居間のテレビ脇に立て掛けて置いてあるラケット状の木彫りと並んで、もう一つ別の木彫りが置かれていることに気付いた。

それは遺品整理の際に祖父の家で見かけた、手足の生えたこけし状の木彫りだった。

木下さんが台所で夕食の準備をしている母親に、「この木彫りどうしたの？」と訊ねると、

「今朝、洗濯物を干そうと庭に出たら、植え込みの中にこの木彫りが頭を出していたのよ」

いたのだと。

との返答。それで折角だからと綺麗に土を落として、ラケット状の木彫りの隣に並べて置いたのだと。

更にその数日後。

木下さんが会社から帰宅すると、ラケットとこけしに並んで、今度は木彫りの槍が置かれてあった。

これもまた遺品整理の際に祖父の家で目にしたものである。

木下さんの父親が数カ月ぶりにゴルフクラブの手入れをしようとしたところ、ドライバーやらアイアンやらの合間にこの槍が紛れ込んでいたのだという。

更にこれら木彫りが揃い出すのと並行して、木下さん宅にどういう訳かカラスが集まるようになっていた。

物干し竿やベランダの手摺り、庭先の石塀の上などに、多いときには十数羽のカラスが列をなしているのである。

黒々としたその少々異様な光景を目にするたびに、木下さんの身体にはぞくりと鳥肌が立っていたという。

鳴き声等は殆ど上げずに、ただただ静かに木下さん宅を見つめているカラス達は、何度追い払っても、また数分後には何事もなかったように同じ場所に並ぶ。

こちらも警戒している所為か、これといった実害はなかった。だが、外を見れば毎度カラスがいるというこの状況は何とも落ち着かない。

そうしている間にも、木下さん宅では一つ、また一つといった具合に、木彫りの品が現出し続けた。

そもそも木下さん自身の手で持ち帰ったラケット以外の木彫りは、全て廃品回収業者に依頼して処分してもらったはずなのだった。よってこれらの木彫りが、木下さん宅内に存在していること自体おかしいのである。


カラス達のことと合わせて、色々と気味が悪くなったという木下さん一家は、一連の木彫りを近くの神社に持ち込み処分してもらうことにした。

木彫りを細かく叩き割って可燃ごみとして処分することも考えたそうなのだが、そうすることによってより酷い事態に陥りそうな予感があり、ここは専門家に頼んだほうが安心だろうと、念には念をの万全策を取った形だった。

宮司は、全く異なる神道に準ずるであろう品々を預かることに些か躊躇《ためら》いの表情を見せたそうだが、それでも多少色を付けた初穂料が功を奏したのか、木彫りを全て受け取ってもらえたそうである。

以後はこれら木彫りの祭具について、木下さんは一切関知していない。

木下さんの両親などは、多少の責任のようなものを感じてのことなのか、木彫りを押し付けてきた神社へと何度か足を運んではいるそうなのだが——。

そのたびに、境内の至る場所で羽を休めている百十数羽は下らないであろう数のカラスの群れに面食らい、毎度恐れをなして踵《きびす》を返してしまっているのだという。

伝言があります

母が亡くなった。

長く患っていたこともあってそれなりに覚悟はしているつもりだった。

島津さんは父を支えて母との別れに臨んだ。セレモニーホールに、僧侶の涼やかな読経が響く。葬儀の間、参列者に頭を下げ、父を支えた。

通夜、葬儀と恙《つつが》なく終え、親族や母の知人に礼を伝え、自宅に戻ってきた。

「もう母さんはいないんだな……」

湯船に浸かると、今更ながら涙が込み上げてくる。

と、そのとき脳裏に言葉が浮かんだ。

『立派なお葬式、ありがとうね』

言葉というよりも、文字が打刻されるように浮かび上がってくる。

『お花もたくさんありがとう。お父さん、自分で何でもできるようになって、本当によかった。あの人、お母さんがいないと一人では何もできない人だったから』

えっ？　何これ。母さんか？

『これから、あんたら兄妹で力を合わせて頑張りや。しっかりせんとアカンで。あんた、お兄ちゃんなんやから。後のことはあんたがしゃんとせんと、お母さん心配やで』

メッセージは、一方的に〈表示〉されて終わった。

双方向の会話というのとは違うようで、メールや何かのように向こうから一方的に伝えられるのを、こちらは見せられているだけ、といった具合だ。

母を亡くしたことを実感したせいで、こんな幻覚を見ているのか。このときはそんなふうにも思ったのだが、その後何回か母からのメッセージが現れた。

大抵は風呂に入って寛いでいるときか、布団に潜り込んでリラックスした直後のどちらか。気を抜いているときにメッセージが着信するのである。

最初は葬儀のお礼と感謝だったが、二度目、三度目は主に母からの説教であった。

父が亡くなったときにも、同じことがあった。

『告別式の挨拶、あれはとてもよかった。一端《いっぱし》のことが言えるようになって感心したし、心残りはもうない』

やはり葬儀の晩のことで、一通りの式典を終えて布団に入ったところで、メッセージが流れてきたのだ。このときも母のときと同様、一方的に脳内にメッセージが浮かぶのみである。聞こえるというよりは、メッセンジャーソフトか手紙のように脳内に文字が浮かび上がり、それを読み取るといった具合である。

これは身内に留まらない。

友人の父母の通夜や葬儀に行くと、帰宅後に同じことが起きる。

『今日はお運び頂きありがとうございました。息子をよろしくお願いします』

『お忙しいところを本当にありがとうございます。娘によろしくお伝え下さい』

『大変恐縮ですが、お母さんを頼む、と息子に伝えて頂けますか』

内容は通夜や葬儀へ参列したことについてのお礼が多く、また島津さんが死者のメッセージを受信できている前提なのか、残された遺族への伝言を頼まれるようにもなった。

当初はどう伝えたものかと思ったが、そのまま遺族に話すようにした。

義弟が亡くなったときなど、

『義兄さん、子供達をよろしくお願いします』

と自分宛に明確な頼み事が伝えられた。

基本は変わらず「脳内に文字でメッセージが浮かび上がる」というものなのだが、相手の姿がはっきり見えて、その喜怒哀楽が伝わってくるときもある。

ただ、姿が見えるときはメッセージはない。姿と表情のみである。

逆に伝言を托されるときは、相手の姿は見えない。

メッセージは常に死者からの一方通行で、こちらから問い掛けたり会話したりすることはできない。留守番電話かメール着信のようなものだ。

これは、自分に托された役目か何かなのだろうか。


ある晩、メッセージがあった。

このときは、特に通夜にも葬儀にも出掛けていなかった。こんなことは初めてだ。

『島津さん。私はあなたに会ったことがありませんが、あなたの力を借りたいのです』

メッセージ——文字が見えるということは、案の定、相手の姿が見えない。

『阪本さんにお礼を伝えたいので、伝言をお願いします。あなたと一緒に暮らせて幸せだった、と。そうお伝え頂ければ分かります』

なるほど、友人の阪本氏の身内か親族のことかもしれない。そう思って伝えると、阪本氏は驚いた。

「昨夜、うちの犬が死んだんだ。ずっと可愛がってた奴なんだ。そうか、おまえのところに行ったのか。そうか」

八幡様

新田さんの故郷は、漁業と農業を細々と営んでいる田舎町。

毎年、お盆の時期に一日だけの祭りがある。

寺社の祭りは、年にこの一回しか執り行われない。

ちゃんとした宮司が常駐している訳ではない八幡神社は、とあるお爺さんが偶に周囲の草刈りをするだけなので、裏寂れている。

「子供の頃は他の神社なんか知らないので、そういうものだと思っていたんですけどね」

伸び切った笹薮や鬱蒼《うっそう》と生い茂る木々に囲まれた本殿は、小高い山にひっそりと佇む。

子供達にとっては格好の遊び場所であった。

「蝮《まむし》や羆《ひぐま》がよく出ていたんですよ。そういうこともあってか、『神社で遊んで怪我したら、一生治らない』って大人達はよく言ってましたね」

信仰上の訓《おし》えもあるのだろうが、子供達は口うるさい大人の目を盗んでは日が暮れるまで遊び続けていた。

ある年の七月上旬。

小学校から帰った新田さんは、友人達を誘って八幡様に遊びに来た。

かくれんぼや鬼ごっこをひとしきり楽しんだ後、友人の田山が便意を催した。

「早く帰れって！」

「無理だよぉ、もたないよぉ……」

本殿の陰に消える田山を何となく見送る新田さん達。

程なくして、田山が戻ってきた。

「紙がないから、笹で拭いたらケツが痛くてさぁ……」

悪びれるでもない田山を見ているうちに、僅かな罪悪感が湧いてきた。

「もう帰ろう」

友人達も同意して、逃げるように八幡様を後にした。


翌日、田山は登校してこなかった。

どうやら、四十度を超える高熱に魘《うな》されているという。

新田さん達は、八幡様の罰が当たったのだと、ただ震えていた。

授業を終えた新田さんは一人で八幡様に向かう。

同罪と思われて罰を当てられる前に、許しを請わねばと思った。

「ごめんなさい、ごめんなさい、ごめんなさい……」

本殿の前で暫く頭を下げ、心からの謝罪を申し入れた。

（もういいかな？）

何となくではあるが気分が晴れ、参道を降り始めたとき、視界に何かが入った。

導かれるように脇の樹木に近付くと、一匹の真っ黒い蛇が頭部を釘で打ち抜かれ、垂れ下がっていた。

「うあっ？」

動転し、へたり込んでいると、老人が歩み寄ってきた。

草刈りをしていた件の海藤老人であった。

「どうした？　新田の坊主？」

新田さんの視線の先を見やる。

「おめぇがやったのか、これ？」

「違う、違うってば？」

ふう、と大きく息を吐くと、海藤は持っていた鎌を梃子《てこ》のように器用に使い、釘を引き抜いた。

「馬鹿なことをしたもんだ。全く……」

独り言のように呟きながら、カラス蛇を両手に持ち、本殿へと消えていった。

(僕じゃないってば)

怒りと怖さを綯《な》い交ぜにした感情のまま、急いで家へと帰った。

夕食時、もしかしたら海藤から連絡を受けた両親に叱られるのでは、と思っていたが、何事もなく食事を済ませた。

数日経っても、特に何も言われることはない。

信じてもらえたのか、話すまでもないと思われたのか。

ただ、あの日から、新田さんは友人に誘われても八幡様に近付こうとはせず、大人しく校庭などで遊ぶようにしていた。

日々は過ぎ、夏休みに入る。

例の田山はあれから一度も登校してこなかった。

母親からは、近隣の市の大きな病院に入院しているらしい、ということは聞いた。

ただ、状態などを訊く勇気を持てなかったし、話しぶりからは母親もよくは知らないと思えた。

夏祭りの一週間前、八幡様の山の麓に山車が準備された。

手の空いてる大人が入れ替わり、飾りつけを施していく。

囃子太鼓担当の中学生四人は練習に明け暮れ、新田さんはというと当日を待ち焦がれていた。

……八幡様には近付きたくはない。ただ、山車を引っ張ると各家庭からお菓子が貰える。普段、おやつなどを出さない新田家である為、子供心にどうしてもわくわくしてしまう。

祭りの日、山車は山の麓を出発し、町を一周してまた戻る。

参道にすら踏み入れないことから、新田さんは万が一の八幡様の罰も届かないであろうと勝手に思い込んでいた。


祭り当日。

九時前から山車は動き出していた。

軽妙な囃子太鼓の音が、山車に積まれたカセットデッキから流れる笛の音と混じり、独特の空気を醸し出す。

子供達も「わっしょい」と声を掛け合い、ゆっくりと山車は町を巡っていた。

「よーし、一回休むぞー！」

三十分程すると、大人の声で休憩が知らされた。

子供達は配られた缶ジュースを飲みながら、和気合い合いとしていた。

（あれっ？）

ジュースを飲み干そうと小首を上げた新田さんの目に、黒い物が飛び込む。

それは、空中を漂うように波打つ黒蛇の姿だった。

「アキラ、あれ何？　何？」

「はぁ？」

咄嗟《とっさ》に隣にいた友人へ声を掛けるが、どうやら何も見えていないらしい。

しかし、新田さんの眼前を悠々と泳ぐ黒蛇は、山車に向かってゆっくりと進んでいた。

そして山車の前方、太鼓担当の中学生の周りに辿り着くと、一人の首にしゅるりと巻き付いた。

「あっ!!」

新田さんが声を上げると同時に、崩れ落ちる中学生。

その子は首から黒蛇を引き剥がそうともがいていたが、痙攣《けいれん》を起こし、そのまま静かになった。

「どうした？」「おい！」

大人達の怒号のような声が飛び交い、周囲は騒然とする。

その中で、海藤老人だけが笑みを浮かべて眺めている。

救急車で少年は搬送され、何とか落ち着きを取り戻そうとした頃、祭りは再開された。

「わっしょい、わっしょい」

テンションを上げさせようと大人達は声を張り上げるが、子供達はそうはいかない。

気のない掛け声を出すのが精一杯で、二回目の休憩に入った。

「あれ、山中の兄ちゃんだよな。大丈夫なのかな？」

歳が離れている為、一緒に遊んだことはない。

大人の評価は『悪ガキ』という認識だったが、新田さん達には別段、害を加えてきたことはなかった。

しんみりとしていると、大人達は急にざわつき始めた。

何が起きたんだろうと辺りを窺っていると、新田さんの肩がポンと叩かれた。

振り向くと、海藤老人がまた笑みを浮かべている。

「え、あ、あの？」

動揺する新田さんの耳元に顔を近付け、ポツリと言葉を発した。

「駄目だったって。あの子だったんだね」

「は？　え？」

それだけ言い残すと、海藤は背を向けその場から立ち去っていった。

大人達は子供達から少し離れた所で議論していた。

時折、喧嘩のような声も聞こえ、その空気にピリついた。

「結局、半分くらいの大人は帰ったのかな……」

小さな町である為、山中家の葬儀の準備にも人手が必要だった。

残った大人達は山車を引くのを手伝い、恐らく過去最速のスピードで祭りは終わりを迎えた。


新田さんは山中さんに対して、特に何らかの感情を持つことはなかった。

早すぎる突然死、という社会的体裁が、町の空気を変えることもなかった。

……それよりも海藤老人の言葉と態度である。

もしかしたら、新田さんと〈同じ物〉を見ていたという可能性が考えられた。

そして、新田さんには想像も付かない意味まで理解していたように思えた。

それから新田さんは登下校の際、海藤に会わないよう気を付けるようになった。

視界に入れば身を隠し、やり過ごす日々を送る。

あの黒蛇のことが気にならない訳ではない。

しかし、これ以上深入りすることは危険だと、子供心にも理解できた。


季節は移り、秋を迎えた。

同級生の田山が亡くなったという知らせも届いた。

死因などは聞いていない。

ただ、大人の噂話では尋常ではなかったように耳に入る。

『もがき苦しんだようだ』『首を掻きむしって、血が出たりしてたって』『目ん玉が少し飛び出てるように見えたんだって』

……真偽のほどは定かではない。

そして、新田さんは田山の葬儀には参列しなかった。

熱が出た、と嘘を吐いた。

「あのときは、少しでも関係のありそうなものからは逃げ続けていましたね」

八幡様、海藤老人、田山の葬儀と、ほとぼりが冷めるのを待っていた。

渦中にいるという自覚がそうさせたのだろう。

そして冬を迎える頃、新田さんは落ち着きを取り戻していた。

あれから特に何事も起きてはいない。

解放された、という気持ちが笑顔を取り戻させていた。

そんなある日。

雪を踏みしめながら、登校していた。

後に続く足跡、新雪ならではのキュッという音。

ゆっくりと一歩一歩を刻むように、歩を進めていた。

その刹那、滑るように蛇行する黒い線が視界に入った。

しゅるり、と新田さんの右脛辺りに巻き付くと、鎌首を擡《もた》げ、ジィーーッという低いノイズのような声を発した。

「えっ？」

圧迫を感じるかどうかという瞬間、激痛が脳天まで駆け巡った。

痛みを堪え、辺りを確認するがカラス蛇の姿はない。

雪面にも何の痕跡も残っていないことから、例の蛇であることが窺い知れた。

「結構大変だったんですよ。一時は後遺症の話まで出てたんですから」

両親には起きたことを話せる訳もない。

独りで転んだ、ということで片付けた。

不自然な骨折であることから、医師には不審がられたという。


また、八幡様の呪縛に恐れる日々が始まると思えた。

そんな矢先、光が差し込む。

父が仕事の都合で転勤になる話が舞い込んだ。

季節的に通常ではあり得ない話ではあったが、転勤先の担当者に不幸があり、緊急で人員補充したいということである。

新田さんには学校もある為、父親は単身赴任をする頭であったようだが、「付いていく」と言い張り、町を離れた。

「新しい土地で、平穏な日々を過ごしましたよ。友達より、恐怖心のほうが先立ったんですよねぇ」

新田さんは高校を卒業し、その土地で働き始めた。

丁度その頃、父親はまた転勤辞令が降り、元の田舎町へと母親とともに戻っていった。

新田さんは実家へ里帰りすることなく暮らし、十五年程が過ぎた。

すると、小学校時代の友人、マサトから連絡が入る。

「今度のお盆に同窓会をするから、お前も帰ってこいよ」

どうやら、親から連絡先を聞き出したらしい。

当初、八幡様の件が帰省しない理由であったが、月日が経つにつれそれも曖昧になり、何となく帰らなかっただけのようにも思う。

（親の顔も暫く見てないしな……）

二つ返事で、同窓会への出席を了承した。


お盆になり、懐かしい風景を目の当たりにする。

建て替わった家などもあるが、所詮は田舎町。

大きな変化などは、起こり得るはずもなかった。

何の気なしに、町を散歩する。

廃校になった小学校、秘密基地を作った川べり。

そして、自然と足は八幡様に向かっていた。

参道を歩き、本殿へと向かう。

相も変わらず、笹薮や樹木は鬱蒼として茂っている。

ただ、背丈が伸びた所為であろう、(こんなものだったのか)というノスタルジックな気持ちから、所々で歩を止めた。

本殿前に辿り着くと、何やら簡易テーブルが五、六個設置され、古めかしい木箱や陶器などが陳列されていた。

ややもすると、本殿から宮司の格好をした壮年の男が、木箱を抱えて出てきた。

思わず、声を掛けて何をしているのかを訊ねた。

男は、過疎化により現在は隣町を含めた三箇所の宮司を務めているという。

ここの担当となったのは、つい先月の話だという。

その日は陰干しや掃除を含めた仕事で、朝から作業をしていたという。

「ここの担当だったお爺さんはどうしたんです?」

「いやぁ、分かりかねますねぇ。ここは暫く放置されていたようで、管理をしないと拙《まず》い、ということで私に話が回ってきたので……」

「夏祭りとかは?」

「ああ、有志で細々とやってたみたいですけど、少子化もありますのでね。でも今年は久しぶりに、山車を出す段取りにはなっていますよ。明日には修理から戻ってくるので」

相槌を打ちながら、何となく現状が垣間見えた。

「でもね……こういうのは困ったものです。その言ってたお爺さんの仕業ですかねぇ……」

宮司は抱えていた木箱の蓋を開けた。

——中には干からびたカラス蛇が一匹入っていた。

「頭部が釘か何かで打ち抜かれているでしょ？　で、神様として一緒に祀ってあった」

新田さんの喉がゴクリと鳴る。

「一度神様として祀った以上は、神様扱いをしなきゃいけないんですよ。でも、祭神と一緒にってのはねぇ……」

「あ……失礼します」

急に恐怖が身体に呼び起された。

新田さんは急ぎ足で参道を降りていく。

——スッ……。

新田さんの進路を塞ぐようにカラス蛇が笹薮から出てきた。

参道の中央で、新田さんの顔を睨み付けている。

「あ、あ、あ……」

息が荒くなり、言葉が出てこない。

その瞬間、足下からもう一匹のカラス蛇が新田さんの身体を登ってきた。螺旋状に身体をくねらせしゅるりと絡みつく。

首に巻き付かれた、と思った瞬間、その蛇の姿は消えた。

まるで見届けたように、参道を塞いでいたカラス蛇は、笹薮の中へ入っていった。

「それから、一年足らずですか……」

両親は交通事故で亡くなった。

因果関係などは知る由もない。

今は実家に帰ることもなくなった。

あの田舎町には近付きたくもない、というのが正直な話である。

一方、当の新田さんの身体には、異変などは起きていない。

ただ、視界の隅に〈黒い線〉が頻繁に映り込むようになっている。

偶に、あの『ジィーーッ』というノイズのような音が聞こえたりもする。

——だが、何も起きてはいない。

「これって、どういうことなんですかねぇ？」

新田さんの心が落ち着くのは、何時になるのであろう。

花嫁人形

高橋さんの家に珍客が訪れたのは、今年の春であった。

甥の孝雄である。孝雄は両親に黙って退職し、三カ月近く消息不明になっていたのだ。

何処で何をしていたか訊かれた孝雄は、遠くを見る目つきで言った。

「世界を回ってた」

ビザの有効期限が切れ、資金も底を突いたので一旦帰国したらしい。

最終目標は海外移住であり、そのための経験を積んでいるのだと孝雄は言った。

両親には激しく叱責されたが、考えを改める気はないとも言う。

一流大学を出て、名の知れた企業に就職が決まり、孝雄の両親は会う人ごとに自慢していた。

その気持ちを知る高橋さんは、孝雄を睨み付けてしまっていた。

高橋さんの隣に座る娘の美緒ちゃんは、父親とは違って孝雄の話を興味津々の眼差しで聞いている。

話の途中、孝雄はカバンから何やら取り出した。

カビ臭い布に包まれていたのは木彫りの人形である。

よく言えば素朴、悪く言えば雑な作りだ。胸の膨らみから辛うじて女の人形と分かる程度の物である。

「これ、美緒ちゃんに。高校の入学祝い。幸福を招く人形だよ」

飾るのも躊躇われるような代物だが、美緒ちゃんは笑顔で受け取った。

その後も孝雄は、訪問した国の素晴らしさを喋り散らして帰っていった。


美緒ちゃんの様子がおかしくなったのは、その翌日からである。

最初は連日の寝坊である。いたって寝起きの良い美緒ちゃんが、どうしても起きられないのだ。

怖い夢を見るらしい。

黒い人が出てきて、聞いたことのない言葉を喋る。

手を引っ張られ、何処か分からない広場に連れていかれる。

同じような人達がたくさん集まり、何かの儀式を始めようとしている。

どうにかして逃げようと必死で抵抗する。毎晩その繰り返しである。

そのせいか、物凄く疲れるのだという。

入学したばかりで、色々と不安が重なったのだろうと判断し、高橋さんはもう少し様子を見ることにした。

結果的に、それは最悪の選択であった。

美緒ちゃんが昏睡状態に陥ったのである。

原因不明のまま数日が過ぎた頃、孝雄が見舞いにやってきた。

部屋に入った途端、孝雄は土下座を始めた。

あの人形にこれほどの力があるとは思わなかった。泣きながらそう言い、孝雄は額を床に擦りつけた。

孝雄は、旅先の村であの人形を見つけ、ひとめ惚れしたそうだ。

適当な対価を提示し、譲ってもらうつもりが大切な人形だからと断られた。だが、どうしても諦めきれず盗んだのだという。

その後、夜毎の夢の中に村長が現れ、返せ戻せと喚く。あの村の広場に連れていかれ、皆から石を投げられる。

堪らなくなってきた孝雄は、人形を誰かに渡せば解決するのではないかと判断したのであった。

その誰かが美緒ちゃんだった訳だ。

高橋さんは、人形の由来を問い詰めた。孝雄は、申し訳なさそうに答えた。

「あれは棺に入れるものです。独身のまま死んだ男が化けて出ないよう、花嫁の代わりにされるんです」

人形を取り返そうと夢に現れた村長が、美緒ちゃんを気に入ってしまったのではないだろうか。

それが孝雄の結論であった。

このままだと美緒ちゃんは眠ったままになる。ただ一つ、阻止する方法があると孝雄は言った。

村に人形を返せばいい。人形はいわば中継基地だから、返してしまえば終わるはずだ。

だが、あの村に戻れるだけの資金がない。荷物が届くような場所ではない。八方塞がりである。

藁にも縋る気持ちで、高橋さんは渡航費用と当座の旅費を工面し、孝雄に人形を托した。

孝雄は深く腰を折り曲げ、何度も礼を述べて帰っていった。

その日から数えて二週間が経つ。

孝雄は旅先で消息を絶った。

何処でどうしているか、生きているか死んでいるかも分からない。
託したはずの人形は、高橋さんの自宅の裏庭に捨てられていた。
そして今でも美緒ちゃんは眠り続けている。

むつ怪談紀行（或いは恐山奇譚群）

青森県在住のオカルト愛好家達で構成された〈弘前乃怪〉というチームがある。

先日、「弘前乃怪」代表の鉄爺さんとともにむつ市へ赴き、一泊二日の怪談取材旅行に出た。

一日目はバーで飛び込み取材を行い、二日目は鉄爺さんが事前に取材アポを取った、とある寺での取材となった。

結果、流石恐山のお膝元というべきか、ものの見事に寺社仏閣、神仏に纏わる怪談ばかりが取材ノートにびっしりと集まった。

バーで、自己紹介しがてらに私の過去作『怪談恐山』のことを話すと、カウンターに座る常連客は首をひねりながら口々にこう言った。

「どうして恐山を怖いものだと思うんだ？　怖いものにしたいのか？」

そして、寺の住職はこう言った。

「そのような感覚を持って生まれたことも、この地と関係があるのです」

＊

私が谷口さんに「包丁を握られてからどのくらい経つのですか？」と訊くと、その答えが返ってきた。

「十五……」

十五年、ということはないだろう。恐らくは「十五歳から」。ならば、実年齢こそ聞かなかったが、見るからにもう四十年以上は料理人をしていることになる。

「おい《俺》は何でも切るよ。料理は何でも作る。そんなこんなで、今は恐山のお坊さん達に料理を作ったりしてるよ」

始めのうち谷口さんは、この話が書かれることを良しとしなかった。

良い話なので是非。

ここで会えたのも縁だと思うのです。

頭を下げてそう頼み込んだところ、やっとの掲載許可となった。

「恐山街道に、小さな地蔵が点々とある意味を知ってるか？　あれはな、あそこを通る者達から、悪いモノ、汚れたモノを取ってくれてるんだ。分かるか？　あれは怖いものじゃないんだぞ。ただな……」

行きたくない。

行きたくない。

谷口さんの知り合いが、恐山街道を通る途中、その声を聞いたのだそうだ。

「声の意味が分かるか？　行きたくない行きたくない。それはな、折角憑いていたのに、お地蔵さんの力で上がっちゃうんだ。まだこっちにいたいのに上がっちゃうのが嫌で、行きたくない行きたくないって言うんだ。そんなモノがいる訳なんだ」

谷口さんは、お坊さんへの料理を作りながら、こんなことを考えたことがあるという。

「精進料理。肉は使わない。でも、植物の命は絶ってる訳だ。普通の料理だと、豚でも牛でも鳥、魚、とにかく命を奪って、頂いてる。行きたくない行きたくない、ってそんなことを言うモノがあるこの世でだよ。でも、こっちも仕事だし。食わなきゃ死ぬ訳だ」

ある日、谷口さんはこんな行動を取った。

「上野は不忍池にある包丁塚へ行った。それで、清めたんだ。知らないだろう。包丁塚なんて」

この話を聞いているとき、とても「清めたのは包丁ですか？　自分ですか？　どうやって清めたんですか？」と訊ける雰囲気ではなかった。とにかく、包丁塚を訪れた後の谷口さんは、文字通り〈何でも切れる〉ようになったそうだ。

「ホテルの窓なんかにな、映ってるんだな。生きていないモノが。そんなとき、おいはこうすんだ」

谷口さんは、しなやかに右手首のスナップを利かせ、何回か宙を切るジェスチャーをした。持っていないはずの包丁がまるで見えるように慣れた動きだった。

「切ってまるんだ。そうすれば消える。別に怖くない。おいは切ってまるから」

＊

すうちゃんの祖母はイタコだった。

イタコといえば口寄せのイメージがあるが、すうちゃんの記憶では主に「人が良くて、自分の役割を分かっているから家に相談に来た客人の話を無下にもできず、『それはこうすれば』とか『そりゃ大変だ、すぐに病院に行ったほうがいい』なんてアドバイスしている人」だったそうだ。

とはいえ、イタコはイタコであり、その孫はその孫だ。バーですうちゃんから聞いた、たくさんのお話の中から一つ。

「あれ、何ていうの？　名前。こう棒に鈴が付いているやつ。シャーン、ガラガラって音がする」

悩む彼女に私と鉄爺さんは「錫杖《しゃくじょう》」と教えた。

ジェスチャーから判断するに、錫杖でシャンと音を鳴らすように地を突いた後、ガラガラと音が鳴るように杖をひきずって前方に進みまたシャンと杖を突く、その様子を言いたかったようだ。

すうちゃんが、まだ小さい頃の話だ。

シャーン　ガラガラ。

シャーン　ガラガラ。

錫杖の音が窓の外から聞こえた。

何人かで錫杖を持って、歩いていることが分かる。

分かるのだが。

音がする窓の側には隣の家がある。数人どころか、一人すら通れない程度の隙間しかそこにはないのだ。

シャーン　ガラガラ。

音は近付き、やがて遠のいた。

錫杖を持つ者達はその僅かな隙間を、平然と歩んでいったのだ。

すうちゃんは終始、黙っていた。

「すうちゃんや。あの音、聞こえたがぁ？」

祖母がそう声を掛けてきた。

ああ、今の音は本当にあったんだ。

おばあちゃんも聞いたんだ。

でも、ここで「聞いた」と言ってしまっては、全部本当のことになってしまう。

本当に、あの隙間を通って人が歩いたことになってしまう。

「ううん。聞ごえなかったよぉ。すうちゃん、音なんて聞ごえながったからねぇ」

すうちゃんは祖母の呼びかけに首を振ってそう答えた。

＊

「うちの寺は元々祈祷寺なんですね。先先代が祈祷師でしてね」

不勉強ながら私は、御祈祷といえば、所謂《いわゆる》「お祓い」のようなものかと解釈していたのだが、会話の中でその誤解はやんわりと正された。

「お祓いではないんですよ。御祈祷、という言葉も少し使いづらいんですが、便宜上その言葉しかなくて……。何といいますか、何かが起きたとき仏の言葉を聞いてその因縁となるものを見つけて、解き方を教えるんです」

具体的にどのように仏様の言葉を聞くのかを、その場で訊ねることはできなかった。話を伺ううちに、何とも野暮な質問に思えたからだ。

「その方は漁師だったんです。でも、そろそろ漁師も辞めようかという歳になりまして」

息子は既に結婚していてサラリーマンだった。

息子に漁師を継がせるつもりはなかったのだが、最低限、仏様を守るための教育はしたと思っていた。しかし、息子夫婦は仏様に手を合わせることもしない。

代々、仏様を大事にする家系だったのだが、この代で繋がりが途絶えるのも寂しい話だ。これが悩みの種だった。

「そんな中、その息子さん夫婦にお子さんができたんですね。結婚してから七、八年はできなかったので、漸くという具合で」

子供が大きくなり、手を繋いで歩けるようになった頃、こんなことが起きた。

ある用事を済ませた後、母と子で帰路の山道を歩いていた。

すると、小石が何処からか飛んできて子供の頭を掠めた後、地面に落ちた。

咄嗟に辺りを見渡すも、見晴らしのいい周囲に人気は何処にもない。

暫くすると、また何処からか小石が飛び、子供の近くに落ちた。

再び確認するも、やはり誰もいない。

これが、家に到着するまでにもう幾度かあった。

親子は急いで寺へ向かい、相談した。


「奥さんの仕事があるということで、お話を聞いたあと御祈祷したんですね。すると、石を投げたのは稲荷様だということが分かりまして。しっかり仏様を守ってほしいと。そうしなければ、こうなる、とそういうことを教えるために石を投げていたんですね」

可愛い我が子にそうそう石つぶてが飛んでこられたら、堪ったものではない。

それ以来、息子さんは毎朝父の家、自分の家の二箇所に祀った仏様にしっかり手を合わせてから仕事に行っているそうだ。

傘

職場に近いコンビニに働く堂島は、大変愛想が良い年配の男性だ。

シフトを上がって帰る時間帯が重なるのか、駅からの帰りが一緒になることが偶にあった。

その日も駅から出たところでバッタリ出くわした。外は雨が降り出したところだった。

丁度バックの中に折り畳みの傘が入っていたので、「どうぞ」と差し出すが、彼は酷く怯えて首を振る。

曰く、自分は傘が怖いのだ、と。


まだ会社員をしていた頃、堂島は仕事のストレスの鬱憤を晴らすように、他人の置き傘を黙って拝借していた。状況次第では返さないことのほうが多いので、厳密には拝借とは言わないのかもしれない。幸か不幸か一度もバレたことはなかったので、悪癖は一向に改まることはなかった。

ある日、出先で雨が降り出した。予報は晴れだったはずだ。当然傘など持っていない。

ふと前方にある鳥居の柱に、コンビニで売られているようなビニール傘が立て掛けてあるのが見えた。

ツイてる、と、そのときは思った。いつものような気軽さで、渡りに舟とばかりにその傘に手を伸ばす。何の躊躇いもなく傘を差してそのまま歩き出した。

そうやって暫く歩いていたが、どうにも不快感が拭えない。耳の後ろ、首筋のところに髪が当たって鬱陶しくて仕方がない。暑い時期だ、雨のせいで湿度も高いのだから、汗で髪が纏わりつくのだろう。

そう思って髪を掻き上げようとして気付く。

己の髪は、短く刈り込んであって首筋に掛かるはずがないのだ。

恐る恐る差している傘を見上げた。内側の骨の部分に長い髪が絡みついている。中心に向かって受骨にぐるぐると巻き付いた髪の毛が、下ろくろの手前から垂れ下がり、その先端が首筋を撫でていた。

思わず悲鳴を上げた。傘は持っていたくないが雨はまだ止まない。

何処か雨宿りできる場所を探そうと、足を速める。そのうち雨が止んで、堂島は傘を放り投げた。

傘はパサリと音を立てて、鳥居の柱にぶつかって落ちた。

以来、どんなに雨が降っていても傘を差すことができなくなった、と。

——罰が当たったんだ、と堂島は言った。

堂島はその前日に同じ神社の中で傘を盗っていた。気晴らしに訪れて境内で休憩しているときに通り雨に降られ、目に付いた傘を差して帰ったのだと。

だから罰が当たったんだ、と視線も虚ろに譫言《うわごと》のように繰り返す堂島は気付いていない。傘を差して「暫く歩いた」のに、傘を投げ捨てた場所が元々それが置いてあった神社だったという矛盾に。

常と違う堂島のぼんやりとした様子に気味が悪くなって、話を切り上げて早々にその場を後にした。

その帰り道、件の神社の前を通り掛かった。

石の鳥居の柱、街灯の明かりにぼんやりと浮かぶ傘のシルエットに心臓が大きく跳ねた。

堂島が傘を盗ったのは何年も前のことだ。同じ傘がそこにある訳がない。

そう分かってはいても、激しくなる鼓動は抑えられず、鳥居のほうを見ないようにして足早に通り抜けた。

帰り着いてから、背筋が寒くなった。神社は普段使う帰り道にはない。あそこの前を通って帰れないことはないが、遠回りになるのだ。

どうやって神社の前に出たのか、それに至るまでの道を歩いた覚えがない。

数十年経って思い返して、今更それに気付いて愕然とした。

それから堂島のコンビニには行かなくなった。間もなく引っ越したので、仕事帰りに駅で会うこともなくなった。

暫く経ってからコンビニの前を車で通り掛かったが、別のチェーン店に変わっていた。

堂島があれからどうなったのかは分からない。

往々にして　～奇譚ルポルタージュ

今回のアンソロジーテーマは「儀式・祭・神事」である。

仕事依頼を受け取ったとき〈九年前から取材を続けている話〉がパッと頭に浮かんだ。

儀式、祭、神事。全ての要素を含んだ興味深い内容の話、と言えばよいか。

本書に打って付けだろうことに疑いはない。ただし、この手のテーマを用いた怪談ものやホラーにあるものとは少々趣が違うことは確かだ。何と例えればよいのだろうか。

幽《かそ》けき怪異と、往々にして奥底にある〈重々しいもの〉が常に付きまとうような話、か。

だからこそ、依頼を目にした瞬間、今こそ書くときが来たのだと感じた。

……が、執筆開始直前、パソコンが壊れたのだ。何かの邪魔が入ったのだろうか。

いや、そもそも最初から躓《つまず》いていたと言える。躓きの理由は推して知るべし。

他、思うこともあり、今回はこの話を書くことを見送った……途端にパソコンが復活した。

では何を書くべきか。テーマに沿ったものがあるのだろうか。

各メモフォルダを漁っている最中、ある人物から連絡が来た。

その人は、名を上總茅乃《かずさかやの》さんと言う。

幾つかやりとりをした後、彼女の体験談の概要を思い出す。ああ、これならと改めてメモを見直した。その時点でテーマに沿ったルポルタージュにできるだろう、と確信が生まれた。

このタイミング。何かに導かれているな、と認識を新たにしたことは言うまでもない。

＊

上總茅乃さんは三十九歳である。

彼女は背が低く、少し痩せ形で、年齢より若い外見をしていた。

感情の起伏は少なく、淡々と話すタイプである。

そんな彼女が小学校二年の途中から中学三年の約七年間、住んでいた地区がある。

その地区は、今はもうない。平成の大合併により地区名が変わったのだ。

この近隣で二番目に大きかった神社では、春と秋に祭りが行われていた。

田植えの前と収穫の後にある、よくある祭りだった。各種神事も賑々しく行われる。参道には出店も並び、僅かだが観光客も来る程度には華やかだった。

茅乃さんもクラスメイト達と連れだって祭りを楽しんだことは言うまでもない。が、この祭りに纏わることに関して、茅乃さんにはこんな記憶がある。

小学校四年の頃の春祭りだった。

友人数名と神事の行列を見物していると、きつい香水の匂いがした。

振り返ると見覚えのない女性がすぐ後ろに立っている。

鍔《つば》の広い白い帽子を被った、背の高い中年女性だった。ウェーブの掛かったロングヘアは栗色をしている。白いパンツスーツにサングラスを掛け、高級そうなバッグを持っていた。

(お金持ちの奥さんっぽいなぁ)

茅乃さんはぼんやりそんなことを感じた。隣にいた友達も女性を見つめている。

「かやちゃん。あン人、何処ン人やろか?」

分からないから答えられない。友達が続ける。「やっぱり知らん人やっとね。祭りを見に来たンやろか?」そうかもしれないねと返事をして、また神事に視線を戻した。

神事の列が通り過ぎる。振り返れば女性の姿は消えていた。

再び境内へ戻る。振る舞い酒の人だかりの中に、あの白い帽子の女性がいた。隣には、浅黒い肌をした中年男性が寄り添うように立っている。男性も知らない顔だった。スラッとしてお洒落な印象が漂っている。この辺りにはいないタイプだ。何となく二人は夫婦に見えた。

振る舞い酒を楽しげに呑んだ男女は、そのまま人並みに紛れて消えていく。

茅乃さん達はお菓子を貰い、少し遊んでから神社を出た。

帰り道の途中、神社の参道から一本裏に入った田圃道に入る。

土が剥き出しの田面が広がっていた。

進行方向の右側、少し畝《うね》に入り込んだところに人の姿が二つある。

顔をこちらに向けしゃがみ込む女は、白い帽子を被っていた。その脇、女の後ろから背中をさすっているのは、スマートな男だ。

あの男女だった。

「かやちゃん、さっきン夫婦がおるよ」友人が訝しげなトーンで囁《ささや》く。

女は田圃の縁に膝を着き、頭を下げ、口から何かを吐き出していた。

振る舞い酒で悪酔いでもしたのか、それにしてもお米を作る田圃に吐くなんて考えられない、そんな内容の話をしながら横を通り過ぎる。

女の口から透明な液体が断続的に噴き出していた。

(お米を作る田圃に吐くなんて、普通ならあり得ない)

茅乃さんは改めて不快に感じた。が、子供だから大人に注意などできない。自然と目を逸らす形になった。自分の不甲斐なさにガッカリしながら、もう一度男女のほうへ目を向ける。

我が目を疑った。

女のすぐ前、土の上に考えられないほど大きく丸い水溜まりができていた。

ちょっとした池と言うべきか。遠目に見ていたときに気付かなかったことが信じられないほどのサイズだろう。昨日は雨が降っていないし、田圃にもまだ水を張っていない。だとすれば、女の吐瀉物《としゃ》でこの池はできているのだろうか。

注視しても固形物らしき物はなく、色も分からない。が、熟れ過ぎて腐れた果物が漂う。友人らを振り返れば、誰もしも信じられないという表情を浮かべていた。

再び男女に顔を向ける。心臓が飛び出しそうになった。

女は吐きながら、目だけをこちらへ向けていた。まるで睨み付けるような視線だった。

男も女と同じく、目のみを茅乃さん達がいる方向へ流している。ただし、無表情だ。

慌てて顔を伏せ、皆で急いでその場を離れた。


――その夜、茅乃さんの身にこんなことが起きた。

夜中、彼女は急に目が覚めた。天井で豆電球が橙色に光っている。身体の下が硬い。

ベッドの横、床の上に寝ていることに気が付いた。ベッドそのものは窓のある壁際に付けて設置している。当然、壁がないほうへずり落ちることも幾度かあった。

思い出す。目が覚める前、真っ暗なつづら折りの坂を転がり落ちた夢を見ていた。

上から落ちたせいでそんな夢を見たのだろう。這い上る為、膝立ちになる。

違和感があった。ベッドのマットレスがこちらに向け、斜めに大きく持ち上がっている。

どうしてこんなことになっているのか。落ちた反動で上がったのか。手で押さえてみても元に戻らない。立ち上がり体重を掛けても、何かが下にあるかのようにビクともしない。何度も力を加えてみるが、僅かに四辺が撓《たわ》むのみだ。

原因を確かめようと動いたとき、ドスンと音を立ててマットレスは元へ戻った。

唖然としていると、窓に掛かっていたカーテンが大きく波打つのが目に入る。

同時に窓が叩かれた。小刻みなノックか。明らかに、人の意図が含まれたものだった。

動けない。カーテンの動きも止まない。徐々に中央に隙間が空き始めた。目が離せない。

訳もなく窓の向こうからあの〈男女〉が出てくるようなイメージが浮かぶ。

やっと我を取り戻し、父母の部屋へ飛び込んだ。今し方あったことを全て伝える。泥棒か変質者か、不法侵入者だろうかと父親はゴルフクラブを持って、茅乃さんの部屋へ行く。

異変は鳴りを潜めていた。僅かに開いたカーテンを父親が開いた。何もなかった。ベッド周辺や部屋の中、家の周りも調べたが異常は見当たらない。

親達は茅乃さんを自分の部屋へ連れていき、一緒のベッドで眠らせた。

異変があったのはその日だけだ。

とはいえ、茅乃さんが〈自室で一人眠れるようになったのは一カ月後。その間に部屋で何かがあったとしても分からない〉のであり、また一人で寝るようになってからは窓が微かに叩かれたことが数度あった。窓の外には何もいなかった。その程度のことしかない。

また、それもいつしかなくなったので本当はどうだったのかはっきりしない。

その夜、何かがあったのは茅乃さんだけではない。

男女を一緒に見た友達らも、夜中、似たような出来事に襲われていたと翌日聞いた。

例えば、ベッドが大きく揺れ、飛び起きるとカーテンが動き出し、窓が叩かれる。

別の家では敷き布団が震え、驚き飛び起きるとカーテンレールが振動し、窓が鳴った。

その際、全員が理由もなく〈あの男女〉のことが思い出した。

友人の中には両親と一緒に眠っていた者もいる。そのせいでそこの家の親はこれらの現象を目の当たりにしたようだ。ただし、親は〈男女〉を思い浮かべなかったらしい。

異常が一度だけだったせいで、そこで終わってしまった。

親からすれば子供の寝ぼけか悪ふざけ程度の認識だったのだ。

両親が異変を目撃した家はお祓いをしたが、他は〈子供の妄言だ〉で済ませたのである。

だが、茅乃さん達にとってはとても納得できるものではない。

異様な体験をした次の日、全員であの田圃へ出掛けた。夜中の出来事の際、あの男女が脳裏に浮かんだのだ。何か関係があるのではないかと思うのは当然だった。

現地に着いて拍子抜けした。何もない。水溜まりの痕跡もない。勿論男女の姿も。

祭りがあった神社へ厄払いのお参りをしようと誰かが提案する。それに皆従った。

五円玉を入れ、熱心に〈もう変なことがないように、祟られないように〉と長々祈る。

数人の小学生がいつまでも拝んでいるのが珍しかったのか、宮司さんが声を掛けてきた。

昨日からの出来事を説明すると、和やかに頷いている。

本殿に招き入れられ、玉串で軽くお祓いをしてくれた。今になって思うに、子供達の不安を拭ってくれる為だったのだろう。外に出たとき、宮司さんがこんなことを教えてくれた。

「これでもう大丈夫とよ。後は毎日楽しく過ごせば何もないとよ」

茅乃さんを始めとした全員が、宮司さんの教えを守った。

そのおかげで、以降は窓が叩かれるくらいで済んだのかもしれない。

しかし、茅乃さん達が宮司さんに会ってから間もなく、件の田圃に重機が入った。

大人達の噂だと、田圃に車が落ちて土が汚れたから入れ替えることになった、らしい。

しかし、それから田植えがあるまで毎日、あの宮司さんが畦の上をぐるぐる歩く姿を見かけるようになった。何をしているのか、皆目見当は付かなかった。

これもまた聞いた話だが、男女が吐瀉物を撒き散らした田圃は所謂〈御神田〉であり、採れた米は秋祭りのときにお供えされるものだった。

（だから綺麗にしなくてはならなかったのかな）

茅乃さんは何となく理解できたような気がした。

ところが、その年の気象は異常だった。その為、御神田の米は上手く実らなかった。籾の大半は殆ど空で、種籾で残せた分ですら僅かであった、と言う。

更に秋祭り当日、恐ろしいほどの悪天候が襲った。神事は縮小され、拝殿内で行われたようだ。異例続きの一年だった。茅乃さん達は参加を取りやめたことは言うまでもない。

勿論、あの男女に出会いそうな気がして、最初から行く気はなかったのだが。

翌年の春、ほとぼりが冷めただろうと茅乃さん達は改めて神社の祭りに足を運んだ。

好天に恵まれ、祭りは普通に行われる。特に問題もなく、恙なく終わった。

またあの男女がいるのではないかと不安があったことは否めない。参加客達を注視したが、何処にもいなかった。以来、幸いなことにその姿を二度と見ることはなかった。

――が、後年、神社に不幸があった。あの優しかった宮司さんが急に亡くなられたのだ。

茅乃さんが引っ越す前、中学三年の秋くらいだったと記憶している。

宮司さんの息子さんが修業先から呼び戻され、秋祭りを取り仕切った。

だが、神事の手順などが例年と少し違っていて、色々なトラブルに見舞われたと大人達が話すのを聞いた。表面的に上手く進んだ祭りも、少しだけ問題を残したようだった。

明くる年、予定していた県外の高校へ茅乃さんは進んだ。

両親の仕事の都合で引っ越す先の学校だ。

引っ越し後、以前住んでいた地区にいる友達と手紙などのやりとりが続いたのは、数年だろうか。いつしか自然消滅した。最後辺りにあった報告にこんなものがあった。

〈祭りに行っていた神社が強風で倒壊して、立て直しをした〉

〈今の宮司さんが病気になったとかで、知らない宮司さんがいるようになった〉


茅乃さんは大人になり、就職と独り暮らしを始めた。

得た資格を活かしたことで、とある企業へ潜り込めたのだ。

社会人生活二年目辺りに実家を通じて、同窓会の連絡が来た。中学時代のクラスだったが、当時付き合いのある人間に今の茅乃さんの連絡先を知るものがいなかったからだ。どういうツテを辿ったのか、実家へ問い合わせが来たのである。

懐かしさもあったが、参加を悩んだ。距離と時間の問題で面倒くささが勝ってしまう。

さりとて（折角誘ってくれたのに悪いな）という気持ちもあった。

きちんと断るため、実家から教えてもらった幹事の連絡先へ電話を掛けた。

幹事はクラスの副委員長をしていた女子だった。

無沙汰と不参加を詫び、近況の報告をしあう。その中に、驚く情報が含まれていた。

小中学校で仲の良かった二人――あの〈男女〉を一緒に見た友達であり、引っ越し後の一時期手紙のやりとりをしていた相手達――が早逝していたことだ。

一人は通勤時の事故。もう一人は病気が原因らしい。

加えてそれぞれの実家も、今は何処へ引っ越してしまったか分からなくなっている。どうも様々なトラブルで半分離散したような状態である、とのことだった。

言いようのない、蟠《わだかま》りのような感情が浮かぶ。幹事がこんなことを言った。

『だから、同窓会しても全員が揃わんとよ。あ。ごめん、気にせんとって』

電話を切った後、暗澹《あんたん》たる気持ちが中々抜けなかった。

その同窓会を断ってからのことだ。少し訳の分からないことが幾つか起きるようになった。

まず、正体不明の異音がする。

音そのものは短い。強いて言うなら、虫の羽音や鳴き声だろうか。一番似ているのは蝉なのかもしれない。擬音で表現するなら〈ヂヂッ〉や〈ヴウウウウ〉だ。

そしてその音が聞こえて数秒後、必ず電話が掛かってくる。

家電話や携帯電話など種類は問わない。これらの着信は取った瞬間、切れる。

ナンバーディスプレイや携帯の履歴に残されているのは、非通知や公衆電話、或いは見知らぬ番号だった。番号が分かるものに幾度か折り返してみたが、繋がらない。

何処からか気になり調べてみると、幾つか市外局番がヒットした。岡山、広島、長野、山形、他、多岐に亘る。その中の一つは件の〈中学まで住んでいた地区〉が含まれていた。

また、この異音と電話がある時間帯に法則性はない。眠っているときに掛かってくることもあるようだ。朝起きて着信に気付くのである。異音や電話の音に気付かず眠っていると言うことになるが、それもまたおかしな話のような気もした。

異音とそれに伴う着信は今も続いている。

茅乃さんが二十四、五歳の頃からだから、既に十四年余りだ。この間、結婚をし、子供も産んでいる。途中、機器や番号も家族も変わったが、それでも止まない。この電話について家族も知っているが、誰も謎は解けない。夫と話してみても、ただ不思議な音と電話だという認識に過ぎなかった。

だから、今もそれらの正体は分からない。

――さて。これらの話を聞かせて頂いたのはこれを書いている一年以上前である。

現在の茅乃さんは四十の声を聞いた。

この体験談を幾度か書こうとしたが、何となくキーが叩けなくなり、そのまま次回へ持ち越しということが何度かあった。毎回、茅乃さんへ謝罪の一報を入れたことは言うまでもない。

実は、当アンソロジーの企画依頼がくる半年前の冬、拙宅で蝉の音を聞いた。

その後すぐ茅乃さんから連絡があった。面白いタイミングだと思ったことを覚えている。

それから二カ月ほどしてから、別件の確認で彼女にこちらから連絡を入れた。

距離があるので日程を整え、取材スケジュールを確定したのだが、それから間もなくして〈都合が悪くなった〉とのことで延期となった。どうも身内に御不幸があったようだ。

一カ月半以上してから、彼女から取材許可が出た。何か話したいことがあるようだった。

会ってみて知ったのだが、茅乃さんの身内の不幸とは、母親が急死したことだった。

その死の二週間前、どういう理由だったか忘れたが、彼女は夫と十歳になる息子を連れて、実家を訪問した。父母宅は今彼女らが住んでいる家から車で一時間半離れた所にある。

昼食後、父親と夫、子は近くにあるスポーツ用品店へ出掛けた。

残された茅乃さんと母親がテレビを見ながら、何かを話していたときだ。

パワースポットらしき神社が画面に映し出された。それを見て母親が話を始める。

「神社ねぇ。茅乃に話していると思うけれどねぇ。今もはっきり覚えているのだけど、私が子供の頃にねぇ」

母親が当時住んでいたのは九州の山間部に位置する田舎町である。

複数の神社があったが、その中の一つが母親のお気に入りだった。

少し離れた場所に建立されたそこは、中々人が来ない寂れた雰囲気である。

常駐する宮司さんもいない。ただ、清掃だけは行き届いている。

鳥居から奥まった場所に木製の社があった。素朴な造りの内部は大人が十四、五人座れるほどの広さがある。

社の下には、子供だったら潜り込めるようなスペースが空いていた。

母親とその友人達は社の下に身を隠し、遊んだり内緒話をしたりしていたようだ。

曰く、秘密の場所みたいだから気に入っていた、らしい。

母親が中学に上がった年、そろそろ冬が来るような寒い時期だった。その日も彼女とその友達は社の下に入っていた。

何事か囁きあっている最中、上から物音が聞こえた。複数の足音だと思った。

自分達が社の下に入る際、誰もいないことは確認している。では、誰かが社の中に入ってきたのだろうか。しかし人がやって来た姿は見ていない。元来、ここに身を潜めているとき他の人間が来ないか常に気を配っている。

足音が移動した。社の出口のほうだ。木でできた階段の隙間から、足が見える。

一人は焦げ茶の革靴、もう一人は白いパンプスだ。

男女二組だった。

二人は鳥居に向けて歩いていく。社から離れるにつれ、後ろ姿だが全身が分かった。

男は整髪料か何かで髪の毛を綺麗に撫で付けている。服は灰色のスーツだった。女は白い鍔広の帽子を被っており、後ろから長い栗色の髪が垂れているのが見えた。ジャケットと裾が広がった（ラッパ型）パンツのスーツは帽子と同じく白い。

一見して都会的な感じを受けた。しかし解せないのは、彼らが手に持っている物だ。

男は手に奉献酒らしき酒瓶を、女はハンドバッグと大きなお数珠を下げている。

お詣りに来たならお酒は置いていくだろう。しかしどう見ても持って帰っている。お数珠もファッションにそぐわないものだし、神社でお詣りに使うイメージもない。

変だねと小声で囁きあっているうち、男女は鳥居を潜らず、左右に分かれて外へ出ていった。それもまたおかしい印象を残した。

男女の姿が視界から消えてすぐ、何気なく後ろを振り返った。

母親とその友達は心臓が飛び出るほど驚いた。

自分達の後方、社の下を覗き込む二つの顔があったからだ。

髪を撫で付けた男と、幅広の白い帽子を被った女だった。

さっき、社から出ていった二人だと直感する。

思わず友達と逃げ出した。見咎《とが》められる、怒られるというような理由ではない。ただただこの場にいることが怖かったからだ。

後ろから追いかけてくるような気がして、何度も振り返りながら駆けた。

家に着いても落ち着かない。男女が窓から入ってきそうな気がして、厳重に戸締まりをした。おかしな様子を見た親に理由を訊かれ、正直に答える。散々叱られた。罰当たりだ、ではない。女子中学生が人の来ない寂しい場所にいたことへの叱責だった。以来、母親達は社の下へ行くことはなくなった。

母親には疑問が残った。社に人がいなかったはずなのに、いつの間にか男女が入り込んでいたこと。その男女が社から出ていくときの様子がおかしかったこと。

また鳥居の左右から出ていったはずの男女が間髪入れずに社の後ろにいたこと。

あと、どうしてあんなにクッキリと彼らの顔が見えたのか。

光源は外だ。逆光で覗く側の顔の中心が暗くなるのが必然だろう。それなのに、まるでこちらからライトを当てているように詳細まで分かった。

その表情までは覚えていないが、やたらと両目が大きく見えたことが印象に残っている。逆に男女の身体がどうなっていたのかまでは覚えていない。顔が怖いと感じたから、身体のことを記憶していないのだろうと母親は結論づけた。

初耳の話だと茅乃さんは思った。が、母親の口ぶりだと過去に聞かされていたのだろうか。同時に自分が目撃したあの〈男女〉について思い出す。そのとき、母親がポツリと漏らした。

――そういえば、茅乃が見た二人と、私が見た二人って、何処か似ているね。

この言葉に茅乃さんは虚を衝かれた思いがした。自分が同じようなことを考えているとき、指摘するかのようにこんな言葉を掛けられたのは少し気持ちが悪い。大体、子供の頃、母親にあの話を全てしただろうか。していないような気もするし、したような気もする。

しかし。

「私、その話したっけ?」

「したよ」

母親は父親と一緒に、茅乃さんの話を聞いていた。

窓の異音も耳にしているし、他にも僅かだがおかしなこともあったらしい。それは父母にとってはとても嫌なことだった。

「あなたはねぇ、窓が叩かれる音がするたびにねぇ、ふらふらとそっちのほうへ近付いていった」

声を掛けると返事をして、何事もなかったように元に戻る。どうしてそっちに行くのか訊ねても要領を得ない答えだけが返ってきた。音がしなくなってからはそのようなことは起こらなくなったから、そこで初めて安心したのだ。

茅乃さんにはその記憶がない。一時期、窓を叩く音が続いていて、そのたびに外を確認したことだけ覚えている。

これらの情報に少し混乱しながら、彼女は母親に質問する。どうして社の話をしたのか。何故今になって自分が子供の頃の話を教えてくれたのか。

母親は「何故この話を蒸し返したのかと言えば、何となくでしかない」と苦い顔になる。

一抹の気持ち悪さを残して、この話は終わった。

それから程なくして母親が亡くなった。

伴侶を亡くした父親は独り暮らしとなったが、意気消沈しているせいか体調を崩しがちになってしまった。現在、同居するかどうかを打診中という。しかし父親は母親と住んでいた家を手放すことに難色を示している。説得には時間が掛かりそうだった。

この時点で茅乃さんは〈男女のこと〉についてかなり忌避するようになっていた。

それぞれの出来事が関係しているのか、無関係なのか判断が付かないことは理解している。

が、当人曰く〈ある種の思い込みだとしても気持ちが悪い〉ようだ。

このようなことがあれば気にしないことが難しいのだろうか。

この件に関して、もう話さない、或いは忘れてしまうと言う選択肢もある。

だが、彼女はこんな提言をしてきた。

〈包み隠さず話して、それを世に出すことで悪い縁が切れるのではないか〉

だから母親の死も含めて書いてほしい。チャンスがあれば、たくさんの人に拡散して（もし悪いものがあるのなら）薄めてほしい、そのように頼まれたのだ。

そして、冒頭のように諸々の問題が起こり、新たな体験談を探すことになった。

そのとき、茅乃さんからメールが届いた。『いつ書けそうか？』の問い合わせである。

概要を思い出し、テーマに沿っていることを確信した。これにより茅乃さんの体験談を書き出したのが締め切りより一週間半前だ。が、途中途中で入ってくる情報に躊躇った。

彼女の父親、夫、息子全員が入院という事態に陥ったからだ。

原稿開始から短期間に連続で不幸が起こり始めている。

神社やお寺でお祓いや祈祷をして頂いたらどうかと提案したが、却下された。

『神社へ行くと（あの男女を）思い出すし、（あの男女が）いそうだから、怖い』

加えて、彼女の身にこのようなことが起こり始めていた。

『最近、昼夜問わず家の窓が叩かれることがある。思い切って外を確かめるが、誰もいない。子供の頃と同じ。夫も息子も（病院で）いないから、怖い』

書く時期か、はたまた発表する本が悪いのか。多人数によるアンソロジーではなく、単著で書くべきではないかとも考え、打診する。だが、彼女は首を縦に振らなかった。

『早く出して下さい。出しさえしたら（私達は）楽になるはずです』

脅迫観念的だと、彼女は自覚している。だが、そう思わずにいられないらしい。

だから、粛々と原稿を書いた。が、途中途中のトラブルは止まない。だから〈ある対策〉を行った。以降、スムーズに仕事は進んだ。今回のルポ、実は意図的に〈封じた〉部分がある。これで原稿を書き終えることは可能となった。

しかし茅乃さんの状況は刻一刻と変化している。どうなるのか分からないのだと、電話の向こうで彼女は話した。

このような仕事をしていると、往々にしてこのようなことはある。往々にして。

だが。しかし。

寄る

県内のとある食事処の座敷で行われたオカルト愛好団体〈弘前乃怪〉の定期月例会に、「元々オカルトの類が好きで、自身も若い頃に幾度も奇妙な体験をしたことがある」という触れ込みでゲスト参加した、同チームメンバーである村下さんから取材した怪談である。

村下さんは四十代の男性で、詳しい肩書きは伏せるが、「名士」と呼んで差し支えがなさそうな、立派な仕事をなさっている方だ。

村下家には先祖代々で続いている「ある信仰」がある。取材時、この怪談がリアルタイム配信されていたため、実際このようにぼかした表現が使われた。

幼少時には姉と二人で定期的に修験場へ連れていかれ、そこで実際に修行をしていたというから、かなり本格的な信仰であることは想像が付く。

「姉のほうが強い」とは本人の弁である。

こんなことがあったそうだ。

実家にて、ある晩のこと。

姉弟は同じ部屋で寝ていた。

金縛りは大人になった今でも時折あるそうだが、若い頃は頻度がかなり高く、そのときも「また」金縛りに遭った。

ああ、身体が動かない。イヤだイヤだと動揺していると、ふと枕元に人影を感じる。人影を見たくはないが、勝手に見てしまう。顔も髪型も分からないが、赤い服を着た女の子だということだけ分かる。座敷童子は福をもたらすとは誰かから聞いた気もするが、この女の子から感じるのは福とは程遠い、むしろ悲哀の類だ。

いつになったら身体が動くか、女の子の姿が消えるかと考えた結果、心中、修行で学んだ魔除けの祝詞《のりと》を何度も唱えることにした。

すると、祝詞が功を奏したのか、女は姿を消し金縛りも解け、晴れて再びの入眠にこぎつけることができた。

翌朝、姉に女のことを話すと、

「赤い服っていうかさ、赤いブレザーで紺のスカート履いて、髪が長くて」

「お姉ちゃん、そんなにはっきり見えてたの？」

「見えてたわよ。それにあれ、子供じゃなかったわよ。大人よ。オトナ。だから座敷童子なんてもんじゃないわよ」

この一件があり「姉のほうが（はっきり女性の姿を捉えたから）強い」と判断した訳だが、騒動にはまだ後日談がある。

二人は両親に、枕元に女が立ったことを話した。

両親はこれをきっかけに子供達が何か大変な目に遭ったら困ると、これまた「その道に強い」知人の女性を家に招き調べてもらった。

女性が言うには、

「家柄のせいですね。あなた達に助けを求めてるんでしょう。そういうのが、この家にはたくさん寄ってきてますよ」

とのことで、二人の枕元に立ったのは、

「西のほうに住んでいる女性の方の生霊」

だと言われた。

律っちゃんとニコニコおじさん

律っちゃんは幼稚園生です！
お迎えにきたママといっしょに道路を歩いていたら、きれいなお花がありました。
花束がたくさんです。わー、きれい。
と、思ったら、花束の回りの地面が真っ赤になっていました。
転んで足を怪我した子のヒザよりずっといっぱいの血です。血でべとべと。
それから、花束の近くに寝ころんでいる人がいます。
その人は、顔が半分なくて、痛い、痛いと泣いています。
律っちゃんも怖くなって、怖い、怖いと泣いてしまいました。
おともだちには、見えないんだって。
ママも見えないみたいです。
あっ、でも怖くない人もいます！
幼稚園に行くと、時々知らない人が来ます。
おともだちのパパやママじゃなくて、幼稚園の先生でもない人。

えっとねえ、皆で集まってお祈りとかするときに来るの。
黒い髪の毛でねえ、髪の毛が長くてくねくね、くるくるってしてるの。
それでねえ、水色と肌色のドレスみたいなの着てる。
布を重ね合わせて、身体に巻き付けたみたいなの。
それで、ちょっとおひげが生えてる。
そのおじさんがねえ、両手をこうやって広げてねえ、ニコニコして立ってるの。
でも先生達とか、おともだちとかには見えないんだって。
でも、おじさんニコニコしてるんだよ！
名前は知らないんだけど、カミサマだよ。
絶対カミサマ。
それでね、律っちゃんがお祈りしてるといつの間にかいなくなっちゃうの——。
律っちゃんのママによると、通っているのはミッション系の幼稚園である、とのこと。
……いや。それって、もしかして。

緑のおばさん

「当時はちょっと問題になって。今は集団ヒステリーってことで決着してるんだけど」

東道さんが小学生の頃だから、もう三十年以上も昔の話だ。

彼の記憶もかなり曖昧な部分が多くなった。

懸命に思い出そうにも、元々知らないことはどうしようもない。

「生きているときの顔、全然覚えてなくってねぇ……。いや覚えてないんじゃなくて、その当時も分かんなかったんだよ」

担任教師にいきなり「緑のおばさんが亡くなられた」と言われて、クラスはどよめいた。泣き出す女子もいた。

四年生だった東道君も大きなショックを受けた。悲しかったからではない。皆がそんなに悲しむほど親しまれた「緑のおばさん」のことを、彼が全く知らなかったからである。

ホームルームの後、クラスの友人に訊いてみても、「お前知らないのかよ」「だっせ。お前何処小だよ」と言われるばかりで、より孤独を深めた。

翌日、担任の発案で緑のおばさんに手紙を書くことになった。

告別式か葬儀のために、別れの手紙を送ろうという趣旨だ。

普段のホームルームと異なり、クラスは静まり返って鉛筆を走らせる音だけが響く。

だが――東道君には書けない。

知らないなら、何かしらそれっぽいことを書けばよいと、子供ながらに思った。

どうせ隣の奴も適当に「悲しいです」とか書いてるに違いないのだ、と彼は隣の席のクラスメイトを盗み見る。

隣席の女子は、便箋にびっしりと文字をしたためていた。

東道君には書けない。

一行も、一文字も、まず何と書き始めればいいのか分からない。

そうこうしているうちに、時間切れとなった。

「後ろから回して集めなさい」

チャイムを合図に立ち上がった担任が、厳かにそう宣言した。

東道君はやむなく白紙で出す。記名すらしていないからどうせ自分とは分からないだろう――そう高を括った。

「――でもすぐバレて先生に呼び出されて」

彼は職員室に呼ばれ、説教された。

職員室には、クラス委員らまでいた。

「『書いてないの、お前だけだぞ。どうなってるんだ』とか、そういう説教ね。こっちも、知らないから書けないって言う他ないじゃん。そしたら先生も血相変えて……」

東道さんに知らないと言われて担任も驚いたようである。


そうか、知らない児童もいるのか――とそこで初めて知ったかのようなリアクションであった。

「……いいか、緑のおばさんは、毎朝、正門前の歩道に立って児童を見守ってくれたんだ。旗を持ってな」

そう言いながら、担任は東側の正門を指差す。

しかし、東道君は滅多に正門を通らない。彼は南側の裏門から登下校していたからだ。

南側の横断歩道には、皆がイメージするような緑のおばさんはいない。偶に先生や父兄らが見張りに立つくらいのものだ。

そういう児童がクラスで東道君だけということは、勿論ない。

パッと思いつくだけでもクラスで十人くらいは、同じ裏門から登下校しているのだ。

そう言うと、担任は激怒した。

「知りもしないでいい加減なことを言うんじゃない！　全員、心のこもった手紙を書いたぞ！　お前だけだ、白紙出して知りませんなんて言ってるのは！」

クラス委員らも、「そうよそうよ」と同調する。


「まぁ、その場は泣き喚いたよね。今にして思えば、先生の立場も分かるよ。とんでもなく面倒なことになったもんだ。どう考えたって俺の言い分が筋通ってるでしょ。心のこもった手紙と思ったのが、でっち上げかもしれないんだから」

他の可能性もある。例えば、緑のおばさんが学校の行事で児童らの前に立つこともあるだろう。そのとき東道さんが休んでいたらどうか。

「それもないんだよ。俺、イベントのとき休んだことないし、交通教室とかのことも覚えてるけど、お巡りさんが来てたもの」

しかも彼だけが緑のおばさんを知らなかったということは、あり得ないのだ。

彼は直接それを確かめていた。

「……次の日に実際、ダチを片っ端から捕まえて問い詰めたからね」

同じ裏門から登下校していた友人らを、である。

「お前らだってほんとは緑のおばさんのことなんか知らないだろ！」

東道君がそう訊くと、友人らはあっさり認めた。

彼らは、緑のおばさんのことなど知らなかった。それでも手紙はそれらしく書いたのだそうだ。

見ず知らずの相手に対してだ。

緑のおばさんへ。おばさんは、とてもやさしくて、ぼくが車にひかれそうになってあぶないとき助けてくれました。ありがとうございました。また会いたいです。

緑のおばさんへ。おばさんは、とてもやさしくて、雨の日も風の日も僕達を見守ってくれていました。ありがとうございます。天国でも見守っていて下さい。

緑のおばさんへ。おばさんは、本当のお母さんみたいで、きびしいこともあるけど、やさしかったです。さみしいです。

彼らも恥ずかしいのか、手紙の内容をはっきりと語った訳ではない。それでも、断片的に白状したところを総合すると内容はそんなところである。

東道君は、半ば感心しつつも半笑いでそんなことを白状する級友らに寒心するものもあった。

丁度そこへ、担任がやってきて「東道君、ちょっと職員室へ」と言った。

職員室には、例によってクラス委員の女子四名もいた。

そこで担任は、東道君に緑のおばさんに手紙を書けと言い出したのだ。

「お前だけが知らないっていうのは、先生、おかしいと思うけど、知らないなら仕方がない。だから、これから緑のおばさんのことを知ってもらう。その上で、心を込めて手紙を書くんだ。午後の授業はいいから、今日は委員長達と一緒に緑のおばさんについて学びなさい」

書くまで絶対に許さないと言わんばかりである。

ここで「あいつらも知らなかった。手紙は適当に書いた」と言ったところで、担任らが聞き入れないことは想像に難くない。

何より口答えをする余地すらなく――彼はそのまま校門へと連れていかれた。

時刻は丁度一、二年生の下校時間であった。

東道君らよりも一回り小さい児童らが横断歩道を渡っている。

クラス委員らが東道君に黄色い旗を渡してきた。

これを振れという訳だ。

東道君が適当に振ると、「バカ！　振る奴があるか！」と担任が怒鳴った。

「信号を見ろ！　車も通らないか確認しろ！　まず立ち位置が、違う！　位置は児童より車道側、横断歩道の端！」

東道君は数歩下がって歩道のぎりぎり車道側、且つ横断歩道の左端へ立った。

「そっち行ってどうする！　車は右から来るんだ！　先生のほうへ来い！」

どうやら、緑のおばさんは車と横断歩道の間に立って旗を上げ下げしなければいけないようだった。

「いいか、今は帰りだからこっちに立つ。朝は向こう……」

車道を挟んで反対側を見た担任が、絶句した。

クラス委員らも、次々と同様に、道路の反対側の一点を見て――息を呑んだ。

(え――)

東道君にも、見えている。

道路の反対側、信号機の柱のところに、真っ黒な着ぐるみのような、大きくて曖昧な輪郭の、何かがいる。

いつからいるのだろうか。少なくとも来たときには、あんなものはいなかった。

「緑のおばさん……」

誰ともなく、声を上げた。

「緑のおばさんだ！」「来てくれたんだ！」と、口々に女子が喚いた。

担任はそちらを見たまま暫く固まり、ハッハッと短く息を吐いて涙を拭った。

「先生も……信じられない……が……緑のおばさんが……なっ？　お前らの……なっ？」

なっ？　と言われても――。

東道君には、それが緑のおばさんとはとても認識できない。

辛うじて人型。道路際で肩を落として俯いた、真っ黒な人型の靄《もや》である。

人影は、俯いたまま右手を頭上へ高く上げた。

何――と東道君が見ていると、担任が彼のその手首を掴み、高く持ち上げた。

「おばさんを見て……真似するんだ」

担任のいう〝おばさん〟は、ふらふらと車道に出た。

担任も東道君の腕を掴んだまま、腰に手を回して——車道に飛び出した。

そのとき東道君は見た。一台の白い軽自動車が、目前に迫っていたのだ。

きっと車の信号は青だったのだろう——車は急ブレーキを踏んで横にブレながら、彼らのすぐ脇を通り過ぎた。

担任と東道君は、動けなくなっていた。

歩道のほうを見ると、児童らが叫んでいる。

一気に汗が噴き出す。

「馬鹿野郎!!　危ねえだろうが！」

背後に停まったさっきの車から、サラリーマン風の男が降りてきて担任に掴みかかる。

東道君は、クラス委員らによって歩道に引き戻された。

「そのまま、そのサラリーマンが怒って、その場で学校に怒鳴り込んで、俺も漸く解放されたね」

後日、担任が東道さんの家に謝りに来たのだという。

『指導に行き過ぎたところがあった』ということだった。

「で、手紙のことも有耶無耶《うやむや》になって、俺が粘着されることもなくなったんだけど……」

その後、校門のところで〝緑のおばさん〟が度々目撃されたのだという。

児童によっては、それは亡くなったはずの児童養護員の姿だった。

だが児童によっては、その〝緑のおばさん〟は、黒く、もやもやとした輪郭をしていた。

どちらのおばさんも、手を上げて車を停めようとするのだそうだ。

「校門前の事故が滅茶苦茶増えてさぁ……。卒業後のことはよく知らないけど。まぁ、そういう話だよ」

おいで　おいで

柿沼御住職が、四国お遍路をしたときの話である。

場所はある県を丁度抜けた辺りだったと記憶する。

道すがら地元の方から接待を受けた。旬の果物の小夏を受け取ると黄色い皮を剥き、口に運んだ。柑橘《かんきつ》の甘酸っぱい味が口いっぱいに広がる。

歩き遍路は宿に泊まることもあれば、野宿することもある。善人宿や通夜堂。また地元の人が泊めて下さったりもする。

「もしこのまま行くなら、あそこのお堂は泊まってはいけない」

接待を受けた際、妙な話を聞いた。


御住職は遠回りにはなるが、昔からの未舗装の道を選んで歩いていた。アスファルトの道は足を痛める。最近は舗装された道を選ぶ人も多いが、御住職は本来の古い道に興味があった。

地図を広げながら話をしていると、地元の方が「歩きならここは危ない」と指差した場所がある。

詳しく話を聞いてみると、ここから予定通りのルートを行くと古いお堂がある。そのお堂は無視して進むこと。扉を開けることは勿論、何があっても泊まってはいけないという。

「そのお堂に何があるのか」

そんな話をされると逆に興味が湧く。御住職は予定通り進むことにした。

細く急な坂道を進む。両脇に木々が生い茂っていた。獣道とそう変わりない。そのまま数分進んだ辺りで、開けた場所に出た。たくさんの花が咲いている。その美しさと清浄さに、疲れが吹き飛んだ。

そこから少し進んだところ。左手に一軒のお堂を見つけた。

「さっき教えてもらったお堂はこれだ」

お堂の少し先に民家があると聞いている。その民家が見えるのだから間違いない。

足を止めて時刻を確認した。大禍時になろうとしていた。このお堂は無視するように言われていたが、お詣りしなければとも思う。

「覗かなければいい」

外からそっとお詣りすることにした。

般若心経を唱え始めると、木の軋むような鈍い音がした。

強い風は吹いていないのに、扉が勝手に開いた。全開ではなかったが、お堂の中が微かに覗ける。

まだ外は明るいにも拘わらず、お堂の中はどうなっているのか全く見えない。やけに暗すぎる。覗いてはいけないと思いつつも、目が離せなくなった。

何かの気配を感じる。周囲には誰もいない。

お堂の奥のほうをじっと見つめていると、白い物がゆっくりと上下していた。

「……手だ」

色の白い手が、暗闇の中に浮いている。

見えるのは手首から指先まで。それ以上は暗闇に紛れていて確認できない。

もしそこに人がいるなら、全身見えるはずではないか——そんな疑問が湧いた。

地元住民が「何故、ここには泊まるな」と教えてくれたのか。その意味が分かった気がした。

悪寒が走る。お経を唱えながら、慌ててその場から逃げた。もしこの場所で日が暮れてしまったら——そんなことを考えると恐ろしくなった。

そこから五分ほど進んだところで、先程とは別の地元住民に会った。

「あんた、あのお堂に招かれんかったか」

御住職のほうから何か言う前に、相手のほうから指摘された。何故分かったのかと疑問に思っていると、こう教えてくれた。

「あのお堂に招かれた者は、凄い形相をして慌てている」

だから一目瞭然なのだと。

あのお堂は昔、地元の方が葬儀でよく使っていた。

いつの頃からかお堂の中に何かいて、それが手招きするようになった。

魅入られると暫しの間その場に逗留するようになるのだが、お堂の中の何かはいつの間にか消えている。

何処に手招きしているのか。

そんなふうに考えると、また冷やりとした汗が背中を流れた。

あるお堂での話

柿沼御住職の修行時代。数十年前の話になる。

当時、師は彼をあちこちの寺へ修行に出した。

あるとき。山中にある寺へ行くことになった。

その寺には師が事前に連絡を入れてある。出発当日は柿沼さんの母親が同行。まず一番位の高い僧侶の住まう院へ向かう。住職に挨拶を済ませると母親は早々に山を下り、柿沼さんだけが残された。

夕座の勤行後。

院から歩いて数分の場所にあるお堂に案内された。今夜からそこに泊まる。木製の戸を開けて中に入ると、右手に部屋がありそこに布団と暖房器具が用意されていた。広さは八畳。他にも部屋は幾つかあったが、この建物には柿沼さん以外誰もおらず、ここに一人で泊まるようにとのことだった。

「明朝、二時に山を巡りなさい」

挨拶の際、住職からこう言われている。

目覚まし時計を午前一時にセットし、二十一時前には布団に入った。


それから一時間ほど経った頃、目が覚めた。

誰かが廊下を歩く音がする。輪の音も聞こえた。音は今いる部屋の中ではなく、別の部屋から漏れ聞こえてくる。奥の部屋。そちらには仏間があることは案内された際に聞いている。

人か来たのかと思ったが、すぐに違うと気付いた。

『何かあるといけませんので、夜寝るときはきちんと閂《かんぬき》と突っ張り棒を使用して下さい』

お堂に案内してくれた小僧さんからそう言われ、厳重に戸締まりをしていた。外部からの侵入は難しい。仮に入れたとしても、入り口は木製の引き戸で開けば大きな音がする。

お堂の中に、誰かがいる。

確かめるのは怖かった。

山を巡ることやその後のことを考えると、ここで寝ておかなければ身体が保たない。無理やり目を瞑った。

眠れない。見に行くべきか放っておくか。

そんなことを何度も考えていると、身体がゆっくりと下に沈んだ。

布団と一緒に畳に飲まれるような感覚。手足が重く、動けない。

目を開けると、目の前に白い布のような物体がヒラヒラと浮いている。更に身体が下へ沈み込んだ。

このままではまずいと本気で感じたとき。あることを思いついた。

（そうだ。不動明王様に救いを求めよう）

横になったまま慈救咒《じくのしゅ》を唱えてみた。すると身体が少し軽くなった。更に唱え続けると白い布が目の前からさっと消えた。

部屋の中は真っ暗なままだ。身体を起こし、自分が本当に沈んでいないか。布団や畳を触って確認した。

沈んでいない。

ホッとしたが、もうここでは寝られない。

急いで部屋を出ると、閂と突っ張り棒を外し表に出た。そこから一番近くにあるお堂まで走る。全力疾走だ。

お堂に着くと起きていた小僧さんに「あそことは違う場所に泊まれないか」と頼み込む。

理由は話さなかったが、どうにか別のお堂に案内された。

朝になり、言われた通りに山を巡った。

お堂に戻ってから、師に報告の電話を入れる。そこで妙なことを訊ねられた。

「あんた、昨夜何かあったか。まさか行者道を巡ったりしてないよな」

何故そんなことを訊かれるのか。不思議に思った。

「山は巡りました」と答えると、師は「すぐに戻るように」と指示した。


――あの行者道はあかん。おばけさんが出る。


戻ってから「あの山を巡る行はさせるな」と伝えてあったにも拘わらず、小僧さんの聞き間違えによる連絡ミスがあった。

あの山には幾つか〈魔所〉と呼ばれる場所があり、行者も恐れている。あのまま山を巡り続けていたら、もっと怖い思いをしたかもしれない。

寝泊まりしていた部屋には、過去にある行者が常駐していた。その方は既に亡くなっている。

「あの部屋に泊まると、みんなその行者さんと会うらしい」

死んだ後も修行がしたいのだろうと師は笑顔で語った。

理由はどうであれ、あの場所から戻れてホッとした。

＊

柿沼さんがあるお寺の御住職と会った際。こんな話を聞いた。

「このお寺に、有名な行者が仏師に彫らせた毘沙門天様がいる」

最近ちゃんと供養できていない。できればこの寺で修業してくれないか。拝んでもらえないか。

そんな依頼を受けた。

柿沼さんの住まいから、この寺までは徒歩三分ほど。学校に通いながらその寺に行くことになる。

午後四時と九時。そして午前二時。多少時間の前後はあるが、大体この時間に拝もうと決めた。

毘沙門天様のいるお堂に案内される。

「この部屋の奥に、行者の方のための部屋と台所がある。そこを使ってほしい」

一週間の間、自宅には戻らずここでお世話になることになった。

お堂の中は六畳ほどの広さで、やや狭いと感じた。天部用に作られた円壇がある。更に『須弥壇《しゅみだん》』と呼ばれる諸尊の安置されている壇もあった。

拝むところの真後ろには、他の部屋と隔てる襖がある。その襖の向こうから強い圧迫感を感じた。

「人のお寺というのは、緊張感が違うな」

最初はそう思った。

部屋の右側には、廊下へ繋がる戸があり、出入りはそこからとなる。その戸には縦横十センチくらいの小窓が付いていた。行者が拝んでいるかどうか。外から中の様子を確認するために造られたものだ。

柿沼さんは準備を終えると、拝み始めた。

このお堂の壇はある理由から完全オーダーで作らせたものになる。オーダーしたのは寺の住職の父親とその友人の二人。名前を知らない者は宗派内外問わずいない相手だ。柿沼さんが拝むに当たり、道具も当時使っていたものを使用している。

修法にも緊張感が増す。それと同時に、とことん拝んでみようかという思いも湧いた。

四日目。午前二時の座でのこと。

拝んでいると、廊下のほうで足音がした。

寺の住職と家族は、この建物にはいない。お堂に来るには、別の建物から渡り廊下を通る。その際、扉を開閉する音が聞こえるし、気配で分かる。

それはなかった。

気にせず拝み続ける。

今度は右のほう。小窓の付いた戸のあるほうから、小さな音がした。

——そっちを見てはいけない。よそ見などしてはならない。

拝むことに集中する。朝まで拝み続けた。

登校前に寺の者に確認してみたが、やはり誰もお堂には来ていなかった。

次の日の午後四時九時は、拝んでいても特に何も起きなかった。

同日午前二時。

拝み始める少し前。外から何かの気配を感じた。玄関のほうだ。外には閉じられた山門があり、その左側に十三重塔が建っている。確認するとその塔は妙な気配に満ちている。

はっきりとした理由はよく分からないまま、拝む時間が来た。

拝み始めて一時間ほど経過した。

また廊下を歩く足音が響いた。戸のほうから音がする。

(今日は確認してみよう)

心の中で御本尊様にお詫びを入れる。それから少しだけ右のほうを見た。

——誰かが覗いている。

戸に付いた小窓が開いていた。そこからはっきりと人の目が見える。

そこから一心不乱に拝み続け、朝になるとそれは姿を消していた。

その後も午前二時の座になると、誰だか分からない相手に覗かれるようになった。


七日目。午前二時。

「これが最後だ」と思いながら拝んでいると、また音がした。

この日は小窓のある右のほうではなく、後ろのほうから音がした。

襖が開く音だ。

奥の無人の部屋から冷やりとした空気が流れ込む。拝んでいる最中に振り返れない。音の感じと空気の動きから、襖が少しだけ開いたように思った。

(このお堂は何なのだ)

そんなことばかり考えそうになる。一度拝み始めると終えるまで二時間は掛かる。

それまで一心に拝もうと決めた。

最後の礼拝が終わり、振り返ってみると襖は五センチほど開いたままになっていた。やはり気のせいではなかった。そのとき、右側の戸に付いた小窓のほうにも目がいった。

そちらも開いていた。

そこに覗いている目が見える。確認するなら今しかないと思った。思い切って戸を開けてみる。

誰もいない。

おかしいと思いながら、廊下も確認する。

そこに白い人影が数人、ゆらゆらと立っていた。靄のようだった。

白い人影の一人は、外にある十三重塔のほうへ。

もう一人は、柿沼さんが寝泊まりしている部屋のほうへ。

最初の一人は、拝んでいた部屋の奥。少し開いていた襖の部屋のあるほうへ消えて行った。

後日、あの寺の住職に一連の話をした。

すると、幾つかのことを教えてくれた。

十三重塔の下には、住職の母親の遺骨が埋葬されていること。使っていた部屋は亡くなった父親が寝泊まりしていた場所であること。ベッドと掛布団一式も晩年使用されていたものであること。父親の友人が襖の向こうの部屋によく泊まりに来ていたこと。

そのせいなのか分からないが、前々からあのお堂には誰かが住んでいるような気がしてならなかったという。

「自分達が作らせた壇で拝んでもらえたのが嬉しいのと、柿沼さんのことを〈あれは誰だ〉と思ったのかもしれません。母も、知らない子が拝んでいることが気になったのでしょう」

住職は亡き母に思いを馳せたのか、柿沼さんの話を嬉しそうに聞いていた。

あのお堂に、本当に誰かいるのか。今回の「拝む」依頼にはそれを確かめる意味もあったのではないか。

後々、そんなことを思った。

ある経に纏わる話

柿沼御住職の知り合いに、兼城という僧侶がいた。

彼のことは本山で修行をする前からよく知っている。昔の兼城は所謂遊び人で、真面目に修行に取り組むようなタイプではなかった。

学生時代は体操の選手として活躍しており、小柄だ。ただ端正な顔立ちだったこともあり、異性からは非常に人気が高かった。彼自身はそのことにあまり興味がなかったようで、暇さえあればパチンコへ通っていた。

兼城が変わったのは、本山の修行を終えてからだ。

彼が久しぶりに柿沼御住職の元へ「修行をさせてほしい」とやってきた。兼城の姿を一目見て御住職は驚いた。彼に以前の面影はない。口調も振る舞いも完全に一皮剥けていた。

その後も兼城は、しばしば御住職の元を訪ねてきては、熱心に拝み方について教えを請うてくる。更に御住職の師達からも教示を受けた。

暫くしてからのことだ。

柿沼御住職がある供養法を、一人の阿闍梨《あじゃり》から授かることになった。

「私もその法を受けたいのですが」

この話を知った兼城からこのような申し出があり、柿沼御住職の後に授かった。

兼城はその法を熱心に修法した。そしてある寺の住職となった。

その後、結婚。それを期に夫婦で短期入院の健康診断を受けたのだが、そこで思わぬ結果が出た。

兼城に癌が見つかったのだ。

新婚生活から闘病生活へ。その後の手術は無事成功した。

柿沼御住職はそれから一年程経ってから、兼城の寺を訪ねた。本当ならすぐに会いに行きたかったが、彼の身体のことを考え落ち着いた頃を選んだ。

屈託のない笑顔を見せつつ、修法の話をしてくる。退院後は、毎日御本尊様の供養法を修法していること。大般若理趣分《だいはんにゃりしゅぶん》を毎日唱え続けていること。結婚早々、病気で色々と大変な思いをさせた奥さんとの関係も良好だという。

それを聞いて柿沼御住職も安堵した。

ただ、帰り際。寺を後にするとき、

「もしかしたら彼に会うのは、これが最後かもしれない」

そんな思いが脳裏を過った。


それから数カ月経ってからのことだ。

柿沼御住職の元に、兼城から連絡が入る。癌再発の知らせだった。

「手術後、定期的な検査はしていたのに、ちょっと変わった癌で……」

検査では中々発見しにくい場所だったと零していた。何処まで進行しているかなどの具体的な話はしなかったが、深刻な空気が伝わってくる。掛ける言葉が見つからない。

「病床でもできる修法はないか考えてます」

真面目な兼城らしい。

最後に「入院中は連絡が取れないと思います。申し訳ありません」と残念そうに言った。

「そうだ。理趣分だったら」

病床の兼城は、その経典を作法込みで毎日熱心に唱えた。

一読一願成就。理趣分は祈祷経典だが、業落としの経典ともいわれる。

ある大僧正が、安楽死の御祈祷に用いていたという話もあった。

そのことを知った柿沼御住職は、嫌な予感がした。

一度電話で連絡が取れないか、家族に頼んでみる。それからすぐに兼城から連絡が入った。

「毎日、養生しながら理趣分をやっています」と本人からも報告された。

「業落ちしたらまずいことになるかもしれない。どちらに出るか分からない経典だから気を付けるように」

御住職はこう伝えた。

兼城の願いは、これから生まれてくる我が子に会うことだ。癌が再発する直前に、子供を授かったことを知った。入院から数カ月。出産予定日は近い。

一願が叶い、なすべきことが済んだら、彼は旅立たなくてはならないかもしれない。

それから一週間後、そのことが現実になる。

兼城は出産に立ち会うことはできなかったが、生まれてきた我が子を一目見てからすぐに亡くなった。

「彼は本当にいい子だった。彼はこの数年で一生分の修行と勉強を終えたからあちらへ帰ってしまったのかもしれない」

本山で彼のことをよく知る大僧正方、皆がそんな言葉を口にした

柿沼御住職は兼城の死後も、胸に秘めていることがある。

「実はあの法は〈唯授三人《ゆいじゅ》〉だったのです」

〈唯授三人〉とは、一人の阿闍梨から三人までしか伝授してはいけないものになる。

当時、彼らより先に二人が授け終わっていた。御住職が三人目。兼城は四人目に当たる。

(〈唯授三人〉を知らなかったのだろうか。或いは迷信だと判断したのか)

伝授阿闍梨の考えは分からない。最近ではそういったことを強く言わなくなっていた。

兼城が死んで、残りは三人。

〈唯授三人〉であるから、一人減らされたのではないか。

あの法を人に授ける時が来たら――柿沼御住職は三人までにしようと心に決めている。

信心深い家

東北地方出身の孝信さんは、信心深い両親に育てられた。彼自身は他人に見えないものが見えたり、他人に聞こえない音が聞こえる訳ではないが、両親や二つ年下の妹はよくそんな体験をしてきたらしい。

孝信さんが高校三年生の頃、父親が庭で草むしりをしていて、スズメバチに刺されたことがあった。家の周りに巣があった訳ではなく、急に何処からか飛来して頭に留まったので、咄嗟に払い落とそうとしたところ、掌を毒針で刺されたという。

このときは自力で病院へ行き、大事には至らずに済んだ。

それから半月ほどして、大工である父親は仕事に行った先でオオスズメバチに襲われた。普段はオオスズメバチなど滅多に見かけない都市部の住宅地で、父親が車から降りた途端、それを待っていたかのようにオオスズメバチが飛来し、いきなり頭を刺されたそうである。前に襲われたスズメバチよりも大型で毒性が強い上、頭を刺されたことも悪かった。今度は昏倒してしまい、救急車で病院へ運ばれた。

不幸中の幸いか、一命を取り留めたが、信心深い父親は、

「どうもこの家に悪いものが憑いた気がする。お祓いをしてもらわないといかん」

と、氏子になっている神社の宮司を家に招いた。

宮司は神職二名を率いてやってきた。

孝信さんの家は一戸建てで、昭和の初めに建てられたものである。玄関はガラスの引き戸で、入ると廊下を挟んで居間があった。宮司から、家族全員が居間に集まること、玄関に背中を向けて正座すること、一緒に祈ること、などを指示された。一家四人が居間に揃うと、宮司達は祝詞を読み始めた。

両親や妹とは違って、さほど信心深くない孝信さんは半信半疑だったが……。

間もなく家の中から物音が聞こえてきた。ドコドコドコドコ……と、大勢が板の間を練り歩くような音がする。それに混ざって、ドゥーム……ドゥーム……と、虫の羽音のような音も聞こえてきた。孝信さんは家全体が揺れている気がしたという。

（ほほう、動いてるな）

祈りを中断して目を開けてみると、天井から吊り下げてある電灯が揺れていなかった。

どうやら地震ではないらしい。

物音と家が揺れ動く感覚はますます強くなってゆき、とうとう玄関のほうから、ガラガラガラガラ！　と、大きな音が聞こえてきた。家族四人が一斉に振り返り、宮司達もそちらを見やったが、奇妙なことに引き戸は閉まったままであった。

それから急に家の中の空気が変わった。その変化は、孝信さんにも確かに感じられたという。

お祓いは無事に終わった。物音は宮司達も「同じように聞いていました」と証言した。

彼らが帰ったあと、妹が訊いてきた。

「お兄ちゃん、あれ見えた？」

妹の話によれば――。

居間の右手には擦りガラスの引き戸があり、その向こうに廊下と台所がある。廊下はコの字型をしていて、玄関や他の部屋とも繋がっているのだ。台所は土間で、廊下よりも一段低くなっている。
物音が聞こえ始めた頃、擦りガラスの向こうに背の低い、子供のような黒い人影が現れた。それが台所と廊下を行ったり来たり、段差を飛び上がったり、飛び降りたりしているのだ。擦りガラスに阻まれてはっきりした姿を認めることはできなかったが、
タン！　タン！　タタ、タン！　タン！　タン！　タタ、タン！　タン！　タン！
と、タップを踏むような足音まで聞こえてくる。

やがてその人影がふいと消えたかと思うと、玄関から、ガラガラガラガラ！　と、引き戸を開けるような大きな音が響いてきた。

「いや、俺には見えなかったけど……。そのとき出ていったのか？」

「うん」

妹が涼しい顔で頷く。

「おまえ、凄えものを見てたんだな……」

孝信さんは宮司達にも妹にも圧倒され、感心するばかりであった。

後ろ姿

河西さんの少年時代の話。

河西さんはとある時期から近所の神社の縁日に行くことをぱったりと止めてしまった。

その理由は、縁日に行くと必ず、死んだ母親とそっくりの後ろ姿を見てしまうから――なのだという。

露店に挟まれた参道をそぞろ歩いていると、夥《おびただ》しい人の流れに紛れて浴衣を着て佇む母親の後ろ姿を決まって目の当たりにしていたのだそうだ。

勿論本物であるはずがない。

他人の空似、或いは単なる見間違い――河西さんはその姿を見かけるたびにこんなふうに自分に言い聞かせていたそうなのだが、背格好は当然のこと、母親のお気に入りであった牡丹《ぼたん》柄の浴衣や、団子状にアップされた髪型の下部に見える数点の黒子の位置等々、あまりにそっくり同じ過ぎて、それでもやはり心がざわつき鼓動が早まっていたという。

それならばと恐る恐る、母親とそっくり同じ後ろ姿のその人物の前方にまわりこんで容姿を確認してみると、これが全く母親とはかけ離れた顔をしている。

それどころかそっくり同じに見えた浴衣の柄も、どういう訳か前から見ると全くの別物にすり替わっており、髪型も異なっているのである。

このようなことが起きるのは、この河西さんの実家近くの神社の縁日のときだけ。他の場所で催される縁日では同様のことは一度も起こったことがないという。

あのビル

バイト先の店長、倉田から最近聞いた話。

倉田は小学校六年生になるときに都内のA区に転校した。

明るくて活発だった倉田は、新しい学校でもすぐに友達ができた。

特に仲が良かったのがタクロウという小柄な子、彼は学校の成績はいまいちだが、小学生男子が喜ぶ遊び場等にやたらと詳しい男の子だった。

気前の良いおばあちゃんのいる駄菓子屋、面白い（危険な）遊具のある公園、ザリガニやカエルのたくさん取れるドブ川、そんな所を幾つも知っていた。

彼と一緒にいると、今までの遊びが何倍も楽しいので、倉田はすぐにタクロウと仲良くなった。

夏休みに入り、倉田達は朝から公園で遊んでいた。

お昼頃になると他の同級生達は、昼食のために一旦家に帰っていった。

倉田とタクロウは共に鍵っ子で、その同じ境遇からくる寂しさが二人の仲をより強いものにしていた。

「倉田、お前の家はクーラーってある？」

親から貰ったお金でなじみの弁当屋に行こうとする倉田に、タクロウは唐突にそんなことを訊いてきた。

三十年以上前の話なので、当時クーラーはまだそこそこ贅沢品だった。

「家の洋間にあるみたいだけど使ってないね、お客さんが来れば別かも」

倉田は首筋の汗を拭いながら答えた。

「うちもクーラーなんて使うと軟弱になるって親が言ってて、家にはないんだ……。でもさ、最近クーラーで涼み放題な場所を見つけたんだよ」

タクロウが汗で濡れた髪の毛を軽く払い、ニヤニヤしながら言った。

「あっ、デパートか？　あそこは子供だけでいるとすぐ声を掛けられて面倒くさいよ」

しかし、倉田の答えにタクロウはすぐに首を振った。

「違う違う、ここから少し離れた所にある小さなビルだよ。何かいつも人がいないけど、一階の受付はクーラーがガンガン効いていて凄く涼しいんだ。この前も違う奴らと二時間以上は涼んでいたけど誰も出入りしなかった」

倉田は激しく照り付ける日差しを仰ぎながら「そんな場所があったら行ってみたいなぁ」と答えた。

「よし、ついて来いよ。そんなに遠くないよ」

二人は公園を離れてそのビルへと向かった。

町はずれに建っていたそのビルは、四階建ての何処にでもありそうな店舗ビル。

ただ、建物の何処にもビル名や看板、広告は表示されておらず、建物全体が何をやっているのか全く不明だった。

ビル前の通りや周りも人通りが全くと言っていいほどなく、かなり静かな場所だった。

一階の透明ガラス製自動ドアの中には薄暗い受付があり、そこにはタクロウの言う通り誰もいなかった。

「気味の悪いビルだけど、ほんとに入って大丈夫？」

倉田が不安げに訊くと「いいから入ろうぜ」とタクロウは自動ドアの前に立った。

ドアが開くと中から涼しい風が勢いよく流れてきて、二人の全身を心地よく冷やす。

冷風につられて倉田もタクロウの後に続いてビルの中に入っていった。

二人は隅の床に座ると、暫く無言で涼を堪能した。

入り口の横にある受付も奥にある階段も薄暗く、人のいる気配が全くない。

グオンッ、グオンッとクーラーの機械音だけがフロアに響き渡る。

気が利くことに隅っこには足踏み式の給水器が設置されており、二人はそれで喉も潤すことができた。

「タクロウ、いい場所見つけたね、でもほんとにビルの人とか来ない？」

「来ないよ、たぶん。まあ来たって謝ってすぐに立ち去ればいいさ」

タクロウはポケットからお菓子を取り出すと、倉田にそれを分けながら笑った。

「そういえばうちの地域、今年はお祭りやらないんだってね。なんでかな？」

菓子を受け取った倉田がタクロウに訊いた。

「オレもよく知らないけど、ここら辺は八年目ごとにお祭りをしちゃいけない年があるんだって、それが今年。じいちゃんの産まれるずっと前からそうやってきたらしいよ」

タクロウは肩をすくめて答えた。

「ふ〜ん、つまらないね」

倉田の頭の中から、お祭りのときに貰えるお菓子やジュースの姿が消え去った。

倉田は立ち上がると、給水器で一口冷たい水を飲んだ。

口に含んだ水のあまりの冷たさに頭が痛くなり、それを我慢していると「おい、ちょっとアレを見ろよ！」とタクロウが慌てた様子で外を指差した。

何事かと思った倉田は、水を飲み込むとガラスドア越しに外を見て絶句した。

外に異様な集団がいた。

お神輿《みこし》のような物を担いだ法被《はっぴ》姿の人間達。

お神輿や法被姿の人間達は倉田達から見て、左側を正面にして立っていた。

つまり、倉田達はお神輿の左側面を見ている形になる。

お神輿の担ぎ棒は前後に二本ずつ伸びた二点棒で、やや小ぶりなタイプだった。

前側の棒に三人×二、後ろ側に三人×二の計十二人の法被姿達が、お神輿を担いだまま無言で微動だにせず立っていた。

何が異様なのかと言うと、まずは法被姿の奴ら。

彼らの着ている法被は真っ黒で袖や襟の部分だけが白い。

色合いからして、お祭りというよりお通夜や葬式に相応しい。

更に頭には、これまた真っ黒なほっかむりを目深に被り、顔が殆ど見えない。

まるで後ろめたいことをしているので、顔を見られたくないかのようだった。

そして彼らが担ぎ上げているのは神殿を象《かたど》った輿《こし》ではなく、不気味な生き物を模《かたど》った張り子だった。

身体はやせ細ったトラのようなケモノだが、頭は長い髪の毛が所々から生えているマダラ禿げ、顔は獅子鼻で瞼は腫れ上がって細目、何とも醜い姿形でお神輿に担ぎ上げるような神聖な生き物というよりは、禍々しい妖怪と言ったほうが相応しい風貌だった。

「なあ、あいつらがここに来るまでに掛け声とか足音、聞いた？」

ドアの前で固まっていたタクロウが、倉田に背を向けたまま訊いてきた。

「いや、聞いてない。まるでいきなりそこに現れたみたいだったよ……」

倉田はその異様な光景を見て逃げ出したかったが、ビルの入り口前に奴らが陣取っているために立ち尽くすことしかできない。

二人にとってクーラーの涼しい風は寒く感じられるようになり、逆に苦痛になってきた。

「まさかこれが、今年のお祭り？」

倉田がタクロウに訊ねると彼は「そんなはずないだろ、あんなバケモン」と少しぶっきらぼうに答えた。

どし、どし、どし。

突然、黒い法被集団がその場で足踏みを踏み始めた。

台座に乗った不気味な生き物が少ない髪の毛を振り乱しながら揺れる。

どし、どし、どし。

法被集団の足踏みが段々と早く、激しくなる。

生き物は更に激しく左右に動き、台座から落ちてきそうな勢いだった。

「何だよコイツら、脅かしているつもりかよ……」

イラついたようにそう言うなり、タクロウはドアを開けて外に飛び出した。

倉田が止めようとしたが間に合わなかった。

倉田が外に出て叫び声を上げるのと、不気味な生き物のお神輿と黒い法被集団が消えるのとが、ほぼ同時だった。

倉田がタクロウに駆け寄ると、彼は目を大きく見開いたままその場で硬直していた。

倉田は急いでフロアに戻り、丸めた掌に給水器の冷水を注ぐと、それをタクロウの顔にぶっかけた。

冷水を浴びたタクロウは、もう一度叫び声を上げたが、すぐに正気を取り戻した。

「ここはやばい、逃げよう!!」

二人は炎天下の中、必死に走って公園に戻り、ベンチに座った。

タクロウの肩がまだ少し震えていた。

「あいつら突然消えたね。タクロウは何で叫んだの？　何かを見たの？」

「ドアが開いてさ、近付いたらさ、あいつらみんな顔を上げてオレを見たんだよ」

そこでタクロウの身体は、またぶるっと大きく震えた。

「黒いほっかむりの連中、顔が全員同じだった、あの台座に乗っていた妖怪と……」

倉田はあの生き物の顔を思い出すと、背中に冷水を浴びたような感覚が走り、真夏にも関わらず寒さに身体を震わせた。

二人はそれ以来、あのビルに涼みにいくことはなかった。

倉田は現在もA区に住んでいる。

しかし、タクロウが言ったようにその地域で八年目ごとに、お祭りをやらない年があるという伝統だか風習はいつしかなくなった。現在は毎年普通にお祭りがあり、お神輿が出るという。

「あの黒法被や妖怪神輿は夢や幻じゃない。あいつらのせいでタクロウはおかしくなってしまった」

倉田は忌々しそうに私に言った。

倉田の話によると、タクロウは不気味な法被集団とお神輿を見た後、すっかり元気がなくなり、髪の毛がどんどん抜け落ち、針金のようにやせ細り、学校に来なくなったかと思うといつの間にか転校してしまったらしい。

倉田は最後にこう言って話を締めくくった。

「最後に見たタクロウの顔は、あの御輿の妖怪とそっくりだった……」

ちなみにあのビルは現在、更地になっているらしい。

歩道橋

「最近の若い者は平気で歩道橋の上からお神輿を見下ろしたり、写真を撮ったりしやがる。神様のお乗りになっているお神輿を上から見下ろすとは何を考えているんだか」

そう憤るのは、七十歳を過ぎても若者に交じって元気にお神輿を担ぐ時男さん。

時男さんは大のお祭り好きでお神輿好き、お祭りシーズンになると都内から近県に掛けてお神輿を担ぎに行く。

同じ祭り好きな人々の間では、ちょっとした有名人だった。

ただ、江戸っ子特有の頑固さに加え、お祭りのマナーに対してかなりうるさく、誰彼構わず大声で注意し、時には喧嘩になることもあった。

それでもお祭り好きの人々の間では「時男さんが来なけりゃ、祭りが始まらない」と、皆から愛されるおじいちゃんだった。

これは一昨年の夏の出来事だという。

時男さんは都内の某所の祭りに参加していた。

それほど大きくない町内会のお祭りだったが、お神輿は立派な物だった。

時男さんはいつものように、若者達に負けない掛け声と勢いでお神輿を担いでいた。

お神輿が警察官に誘導されながら車道を進み、歩道橋に下に近付いたときだった。

「あの馬鹿野郎共、何をあんな上から見下ろしていやがる‼」

突如、激高した時男さんはお神輿から離れ、歩道橋を駆け上がっていった。

「また始まった……トキさんもよくやるよ」

歩道橋からお神輿を見下ろす人を時男さんが怒りにいくのは、祭り仲間達にとって風物詩みたいなものだった。

しかし、今回はちょっと違った。

「なあ、歩道橋の上、誰もいないぞ」

誰かがそう言ったのでお神輿を担いでいる全員が歩道橋を見上げた。

時男さんは誰もいない歩道橋の上で、見えない何者かに向かって怒鳴っていた。

お神輿は前進を止めた。

警官や周りの人々が、時男さんを怪訝そうに眺めていた。

時男さんは相変わらず、見えない誰かに向かって叫んでいた。

すると歩道橋の上に白いものがパッと現れた。

どうやらそれは一枚の紙のようだった。

紙はふわりと宙を舞うと一直線に飛び、時男さんの額にぶつかった。

大した衝撃でもなさそうなのに、紙がぶつかった時男さんはその場に倒れた。

気を失った時男さんは、熱中症で倒れたということで救急車で運ばれていった。

祭りはそのまま続けられた。

幸い、時男さんの容体は大したこともなく、すぐに元気になったという。


後日、知り合いが時男さんに歩道橋で何があったのか訊ねた。

すると時男さんは額に手を当てながら恥ずかしそうに答えた。

「歩道橋に上がるとよ、五、六人の若い男女がいたんだ。そいつら全員、神社にいる神職みたいな格好していやがった。その着物がよ、毒々しいくらいド派手な色使いだったから、これが今流行りのコスプレとかいう奴か、と思って大声で怒鳴りつけてやろうかと思った。お祭りを馬鹿にすんなと」

時男さんは額をさすりながら続けた。

「そしたらその若者達の一人が、いきなり俺に向かって矢を放ちやがった！　そいつが脳天に直撃して気を失った訳よ。嘘じゃない」

そして時男さんが気付いたときは、病院のベッド上だった。

祭りのとき、時男さん以外に歩道橋の上にいたという若者達を見た人は誰もいなかった。

時男さんは、そのとき自分の額に当たった紙を今でも大切に持っている。

良い香りのする薄桃色の和紙だった。

「あの若者達、ありゃ神様そのものだったんじゃねえかと」

時男さんが言うには、それを懐に入れながらお神輿を担いでいると、何故だかいつもより力が湧いてくるのだという。

心願

「怖いかどうかは分かりませんが……」

岸田さんは周りを気にする素振りをしきりに見せながら、ひそひそと語り始めた。

それが癖なのであろうか。時折会話の途中で、小声の独り言が混じる。

「あれは私が四十代最後の歳ですから、四年前のことになります……」


都内の倉庫会社で働いている彼は、連日の残業で心身ともに疲れ果てていた。

「勿論、残業代なんて一切出ませんでした。まあ、期待もしていませんでしたけど」

会社での激務で精神と身体が磨《す》り減っていく。本来はそれらが休まるはずの家庭でも、金の話で心が蝕まれていく。

どうすれば解決できるのであろうか。必死に働いても、収入は一向に増えることがない。

例え転職を志したとしても、五十近くの人間を何処が雇ってくれるというのだろうか。同じような歳で収入増を見込んで会社を辞めた人間が転落していった例を、彼は幾つも知っていた。

「それで心がイッちゃったんでしょうね。あの日……」

荷主からのクレーム電話に対応している最中、彼はその場で昏倒して救急車で病院に搬送されることになった。

「お医者さんが言ったんですよ。アナタ、働き過ぎですって。笑っちゃいますよね。じゃあ、どうしたら良いんですか、ね」

効くかどうかも分からないような点滴を小一時間程受けてから、二週間分の精神安定剤を渡されて、彼は心身ともに疲れ果てて帰宅した。

初めは心配そうな表情を見せていた妻も、深刻な病気ではなさそうだと判断して、今月の支払いの話をし始めた。

「ああ、これは駄目だなって。ここにいたらおかしくなっちゃうかな、って」

岸田さんは着の身着のまま、自宅から逃げ出した。

一体、逃げてどうしようというのか。救急車で搬送されたにも拘わらず、明日は通常通り出社しなければならない、のに。

彼は冷静になろうと努めながらも、ジャージ姿のまま闇雲に走り出した。

あの信号を右に曲がれば、コンビニが見えてきて、そこを過ぎれば居酒屋が何軒かあるはず。

そこでちょっと一杯やればきっと……恐らく……。

彼はポケットに入れてある財布の所在を確認しながら、大通りの信号を勢いよく右に曲がった。

しかし曲がった途端、目前に広がる光景に呆気に取られて足が止まった。

「……何処だ、ここ？」

それもそのはず。勝手知ったるこの場所が、彼の全く知らない通りへと変貌を遂げていたのである。

まず、目印にしていたコンビニが消えている。それどころか、居酒屋へと続くはずの道路には車が一台すら見当たらない。

ここに二十年以上住んでいるが、初めての景色である。

いつもは眩いばかりの街灯や店舗の灯りも消え失せており、煌々と輝く天満月に照らされているのみであった。

乱立していた雑居ビルも全て消え失せ、古臭い木造家屋に囲まれて、錆色に染まった火の見櫓のようなものまで目に入ってきた。

いつの間にか、辺りにはやけに控え目な祭り囃子が流れていた。

そして道路上では、死に装束にしか思えない格好をした女達が三十人ほど、両手を頭上で振りながら、一心不乱に踊っている。

何処からともなく聞こえてくる奇妙な音色に、岸田さんは眩暈《めまい》すらしてきた。

お世辞にも上手いとは言えない笛の音と和太鼓に合わせて、老人が呻《うな》っているようにしか聞こえない唄が耳に入ってくる。

初めて聴くような不思議な曲調で、その歌詞も意味不明な言語の羅列であった。

確かに、季節は夏。全国各地で、色々なお祭りが開催されていることであろう。しかし、この場所でこんな風変わりなお祭りが開催されているなんて見たことも聞いたこともない。

道路上で一糸乱れぬ姿で踊る女達を見守るように、いつの間にか歩道には、たくさんの人々が集まっていた。

しかし皆無言で、人の話し声は一切聞こえてこない。

そしてその周囲には、煌《きら》びやかな屋台がたくさん並んでいた。

「あれっ、こんなのあったっけ？」

金魚すくい、射的屋、型抜き屋。綿飴屋にりんご飴屋。懐かしさで、思わず彼は溜息を吐いた。

ガキの頃、近所のお祭りで楽しんだ記憶が、鮮やかに甦ってくる。

あの頃の幸せな一時と違って、今の自分は何と惨めなのであろうか。

「死ねばいいのに。お前らみんな、死ねばいいのに」

そんな言葉を呪詛のように呟いたところで、彼はふと我に返ってこう理解した。

そうか。これは夢なんだ。こんなことが起こるはずがないから、きっと夢に違いない。

愉しもう。例え夢の中だとしても、今はとにかく愉しもう。

彼はゆっくりと歩みながら、屋台だけではなく、行き交う人々にも視線を遣ってみた。

そこには老若男女を問わず、色々な人々が集っていた。

浴衣を着た若い女性も結構見かけるし、着物を着た老人達も同様に集まっている。

しかし、何故かここで初めて気が付いた。どういう訳か皆一様に、お面を被っているのだ。

しかも由緒あるお面ではなくて、アニメや戦隊もののキャラクターのお面を被っている。

まるで冷や水を浴びせられたかのように、彼の全身に鳥肌が立った。

いや、これは夢なんだ。

例え母親に背負われている乳飲み子までがお面を被せられていても、この世界のルールに過ぎないのかもしれない。

夢だとしても、郷に入っては郷に従ったほうが良いだろう。

そんなことを考えていると、目の前にあったお面屋の前で足が止まった。そこには結構な人だかりができていたが、既に皆お面を被っているのも気になる。

その店には自分の知っているキャラクターは殆どなかったが、少年の頃を思い出して気が昂ぶってきたのかもしれない。

ジャージの右ポケットに入れてある小銭入れを確認しながら、まるで干し柿のように並んでいる商品を物色している彼の耳元で、妙に可愛らしい女の声が聞こえてきた。

「ノぞミ、は？」

彼が呆気に取られて呆然としていると、重ねてもう一度同じ質問を繰り返してきた。

「のゾみ、ハ？」

どうせ何を願った所で、夢の中なのだ。

「…………………」

彼は冷静になるよう極力努めながら、何事かを願った。

耳元から聞こえてきたその声は、先程とは打って変わった、嫌な感じの老人男性の嗄《しゃが》れ声にしか聞こえなかった。

「わ……カ……っ……タ……」

突然、彼の穿いているジャージの左ポケットに、するりと何かが入ってきた。

その不気味な感触に耐えきれず、彼はその場から全速力で駆け出した。

お面だらけの人混みを抜け出そうとしたが、勢い余って、前に立っていた中年の女性にぶつかった。

地面目掛けて、顔面から転倒する女性。

申し訳なさそうに急いで女性に駆け寄るが、外れかけたお面から垣間見えるその顔に、彼は言葉を失ってしまった。

それは、人間の顔ではなかった。異様なまでに大きい単眼が顔の大半を占めており、鼻や口は何処にも見当たらなかった。

悲鳴すら上げることができず、彼は一礼すると素早くこの場から立ち去ろうと試みた。

だが、いつの間にか連中に取り囲まれていることに気が付いたのである。

仲間を傷つけた人物を糾弾するでもなく、ただただ無言でじわりじわりとにじり寄ってくる。

逃げ場がない。彼はその場で蹲《うずくま》って、悲鳴にも似た叫びを上げた。

そこで、彼の記憶は一端途切れている。

そして気が付いたとき、煌々と灯りの点った、あのコンビニの前で佇んでいたのである。

岸田さんは青白い顔をしながら、自宅へと戻ってきた。

彼が家を飛び出してから、時間にしておよそ五分。彼の妻がそう証言しているのであるから、この時間に間違いないであろう。

しかしたった五分しか経っていないにしては、彼の感じる疲労度は凄まじかった。

「ところで、どんなことを願ったのでしょうか？」

この話をしたせいか酷く暗い表情になってしまった岸田さんを目の当たりにして、話題を逸らす意味も込めて、気になって仕方がなかった質問を、彼にぶつけてみた。

「……うーん、それは。その。まあ、想像にお任せしますよ」

どことなく煮え切らない態度で、彼は卑屈に嗤《わら》った。

「あ、そうそう。コレですよ。ポケットに入っていたのは」

そう言いながら、岸田さんはズボンのポケットを右手で散々まさぐった後で、掌に乗せて茶色い物を差し出した。

それは長さ一センチ程度の楕円形で、表面が棘《とげ》のような長い毛で覆われていた。何処からどう見ても牛蒡《ごぼう》の実であった。

「記念品みたいなモノなんですけどね。まあ、肌身離さず持ってなきゃならないんですよ、コレは」

彼はそう言いながら、その何の変哲もない植物の実をズボンのポケットへと急いで戻した。

「お陰様で、今はね。充実した毎日を送っていますよ」

あの非日常的な体験から間もなく、彼の勤めていた会社はあっけなく倒産したらしい。

あまりにも想定外の出来事であったが、心機一転、彼は起業することにしたのである。

家族の心配とは裏腹に、そのＩＴ事業はとんとん拍子に上手くいき、今でも右肩上がりの業績を上げていると彼は誇っていた。

「色んな面で楽になりました。こんなことだったらもっと早くに起業しておけば良かったですよ」

周りを気にしながら控え目に笑う彼の台詞は、どことなく薄っぺらく感じて仕方がない。

まるでいかがわしい雑誌裏広告に載っているような、嘘っぱちの成功談にどことなく似ている気がする。

しかも、目の前でそう話す成功者は、見事なまでに見すぼらしい格好をしているのである。

「もしかして、願い事ってアレですか。会社が潰れるとか、そういった類の……」

そのような不躾な私の言葉に対して、彼は一色懸命頭を振りながら言った。

「……うーん、いやあ。まあ、想像にお任せしますよ」

しかし、その具体性に乏しい成功談や、話の最中に時折見せる独語癖、そしてどことなく歪んだ笑顔から何か違うような気がしてならない。

果たして、彼の願いは何だったのであろうか。

それは一見叶ったようにも考えられるが、彼の独語の内容のせいで、私には疑わしく感じられる。

なお、彼の呟いていた独り言は毎回同じ内容で、このようにしか聞き取ることができなかった。

「……ったく、死ねよ。オマエら、早く……」

後日、連絡を取ろうと彼に電話を掛けてみた。

連絡先だと言って彼が教えてくれた会社の電話番号であったが、「お掛けになった電話番号は現在使われておりません」とのアナウンスが流れたのみである。

お祭りに行こう

忠則さんが中学一年くらいの頃にごく短期の間だけ住んでいたという、とある郊外の路地奥に建つ借家での話。

忠則さんの両親は共働きで、忠則さんは学校から帰ると大抵は夜まで一人で過ごすことが多かった。

仲の良い友人は少なく、家の中でテレビを見たり、漫画を読んだり、落書きをしたりしながら両親の帰りを待つという毎日だったそうなのだが、日没の頃合いになると、度々妙な訪問者がやってきていたそうである。

その訪問者は、まず忠則さん宅の玄関の木戸をどん、どん、どん、どん、と決まって四回強くノックする。

次いで「お祭りに行こう！　お祭りに行こう！」と二度、大きな叫び声を上げるのだという。

それは聞き覚えのあるようなないような、何とも判断の付きにくい少年の声である。

それでも〈クラスメイトの誰かが誘いに来てくれたのかな?〉などと、ちょっと嬉しい気持ちになって、忠則さんは玄関の戸を開く。

しかし開いた戸の外には、誰の姿も見られない。

悪戯だったのかな? そう思って、家の前に出て周囲を見渡してみるも、左手のどん突きになっている側も、右手の緩い勾配となって伸びる細い道の側にも人の姿は見られない。

——と、このような出来事が五度、六度と起こっていたのだという。

声がすると同時に、或いはまだノックが鳴り終わらないうちに、ダッシュで玄関に駆け寄り戸を開いたこともあるそうなのだが、それでもやはり誰の姿もなく徒労に終わった、とのことである。

この音だけの来訪は、七月過ぎの盛夏の頃に始まり、晩夏近くになってぱったりと途絶えたという。

タブー

「お祭りって行ったことないんですよね。ていうか、神社とかも行ったことがないんですよ」

大森さんの育った地域では、毎年七月中旬頃になると、お祭りが開催される。

元々はお神輿を送迎したことに由来するのだが、それを楽しみにしている子供達にとってはどうでもいいことである。

彼女が子供の頃の話になるが、祭りの当日にもなると、クラス中がその話題で持ちきりになっていた。

「そりゃあね、うらやましかったですよ。祭り囃子が聞こえて、屋台の準備ができて、みんなが色々と祭りの相談をしてるでしょ？」

今日何時に行く？

おこづかい幾ら貰った？

今日お母さんに浴衣着せてもらうんだ！

しかし、そんな会話は全て彼女を素通りしていく。

かといって、クラスで除け者にされている訳ではなく、彼女がお祭りに行けないことを、クラス全員が知っていた。

「くやしいじゃないですか。何で自分だけ行っちゃいけないのか、って」

どうして自分だけ行けないの？　幼い頃には、泣きじゃくりながら両親に訊ねたこともある。

「あんなもん、行ったって面白くないよ。テレビのほうが面白いよ」

幼い頃はそういなされた。しかし彼女の成長とともに、そんな方法ではごまかしがきかなくなってきた。

「何故行けないのか、その理由を説明したくなかったんでしょうね」

彼女がお祭りに行きたいと口にするたびに、家の中の雰囲気が暗くなっていった。

その重苦しさを避けるため、やがて訊くこと自体を止めてしまった。

だが、お祭りに行ってみたい気持ちがなくなった訳ではない。

むしろ増すばかりであった。

大森さんが十一歳の夏のこと。

ついに彼女は、両親に内緒でこっそりお祭りに行こうとした。

夕ご飯が終わるとすぐに、宿題をすると嘘を吐いて、彼女は自分の部屋へと急いだ。

宵闇が迫っており、鳴き始めた虫達に追い立てられるように、彼女は玄関先をそっと抜けると、神社へと向かって駆け出した。

目抜き通りの信号機を北側に曲がると、屋台の並ぶ賑やかな参道が見えてくる。

喧噪の中に時折聞こえてくるお囃子に心躍らせて、彼女は鳥居を目指して足早に歩み始めた。

ここまで駆けてきたからなのか、それとも期待のせいなのか、とにかく胸の鼓動を強く感じている。

時折小走りになりながら、鳥居を越えようとした、そのとき。

毛むくじゃらの大きな手が、彼女のか細い二の腕を掴んだ。

彼女は酷く驚いて、悲鳴を上げながらその人物の顔をキッと睨み付けた。

そこに、よく知っている頭髪の薄い赤ら顔があった。近所に住む農家の小父さんだった。

「あーあ、ちょっとマズイなあ。マズイよ、こりゃ。大森さんとこの子が来ちゃったよ」

小父さんのよく通る大きな声が、辺りの人々の注意を引いた。

あっという間に、祭りの準備をしていた大人達がわらわらと集まってきて、彼女の周囲を取り囲んだ。

「うわあ、何で来るかなあ」

「こりゃあ、マズイ。うん、こりゃあマズイよ」

「でもまあ。ホラ。鳥居の外なら大丈夫って話じゃなかったっけ」

心細くなって周りを見渡すと、上半身裸で白い褌《ふんどし》を身に着けた、屈強な男衆に取り囲まれている。

深刻そうな表情を見せながら眉間に皺を寄せる大人達。彼女は外で泣いたりする歳ではなかったが、そんな男達に囲まれた途端、涙が込み上げてきた。

「大森さんとこの人はサァ、ここに来ちゃいけないんだよ」

その中で比較的年配の人が優しくそう言うと、彼女は涙を堪えきれなくなり、大声で泣き始めた。

その後のことは、よく覚えていない。彼女を取り囲んだ男達の誰かに手を引かれて、泣きじゃくりながら自宅へと連れ返されたのである。

母親が床に頭を擦りつけるようにしながら、何度も何度も謝っていたことだけを微かに覚えている。

その日以降、祭り囃子を聞くたびに、大森さんの心の中は酷く重苦しくなる。

自分や自分の家族が、何かに手酷く拒絶されているような気がしてならない。

冷静に考えると、大きな問題は神社に行けないことだけである。

しかし詳細に見ると、彼女達一家に対する反応は、日常においても人によって差があることに気が付く。

外で会うと丁寧なまでに首《こうべ》を垂れて挨拶をしてくる老人達がいると思えば、まるで見たくもなかったとばかりに、即座に目を逸らして去っていく比較的若い連中もいる。

そのような対応をされる理由が理解できなくて、考えれば考えるほど心が荒んでいった。

そしてそのような気持ちは、彼女が思春期を迎える頃になると、地域に対する強い反感へと育っていく。

頂点に達したのは、祭りの寄付金を両親が払っていると知ったときである。

「そんなの払うことないじゃん。どうせウチには何の関係もないんでしょっ！」

「……お前の口出しすることじゃない！」

隣で右往左往する母親を横目で見ながら、父親と派手な喧嘩をしてしまった。

その後すぐに、彼女は固く決意した。

そう、今年こそは絶対。絶対に祭りに行ってやる。

だってウチは寄付金だって払っているんだから、行く権利はあるはずだ。

しかし、問題はどうやって行くか、である。

前回祭りに行こうとしたときには、鳥居の手前で止められた。

神社は小高い丘にあり、鳥居を通るより他に神社に至る道はない。

鳥居の前には祭りの準備をしている氏子の人たちがいて、その殆どは顔見知りに違いない。

「そこで考えたんですよ。だったら知らない顔になったらいいんじゃないかって」

大森さんは母親の化粧品をこっそりと借用して、これでもかとばかりに塗りたくった。

そして母親が大事に仕舞い込んでいた余所行きの服を拝借して、またしてもこっそりと家を抜け出したのである。


大通りを抜けて、人々の集う鳥居へと向かって足を速める。

時折知った顔の人物と視線が交差するが、誰一人として気が付いた様子はない。

お囃子の音が一層近付いてきたと感じたとき。目の前には朱に塗られた大きな鳥居が立ちはだかっている。

このときの彼女の気持ちは複雑であった。この先に行きたい気持ちと、行きたくない気持ち。それらが鬩《せめ》ぎ合って、ふと足を止めた。

一瞬の後、決然として鳥居の境界を越えた途端、とてつもなく大きな音が、まるで天から降り注いできたかのように鳴り響く。

巨大な何かが崩れ落ちたかのような凄まじい轟音で、彼女はその場で思わず蹲った。

地鳴りにも似た地面の揺れに歯を食いしばって耐えながら、思わず天を見上げる。

すると朱い鳥居の天辺、笠木の辺りからもくもくと黒煙が沸き上がっているのが見えた。

そして続け様に、何か固いものに皹《ひび》が入っていくような乾いた音が、あちらこちらから聞こえてきた。

鳥居の笠木に向けていた視線を下に遣ると、笠木を支えている二本の柱が、乾いた音とともに皹割れていく。

「ごめんなさいごめんなさいごめんなさいごめんなさいごめんなさい……」

何者に対してかは分からないが、彼女はとにかく謝罪の言葉を一生懸命口にし続けた。

口腔がからからに渇いていき、声が掠れ始めたそのとき。

……ビッシャッ。

湿った物体が地面に叩き付けられたような音がした。

急いで視線を向けると、目の前には黒いゴミ袋のようなものが転がっている。

肝を潰して呆然としていると、その落下物から紅い液体が緩慢に流れ出てきて、鳥居の側の砂利道にじんわりと吸い込まれていく。

黒いゴミ袋の正体は、四羽のカラスであった。

何故か互いに絡み合うように一つになりながら、先程の異変と同時に地面に落下してきたと思われる。

あまりにも想定外の出来事に、彼女は恐慌状態に陥り、喉に痛みが走るほど悲鳴を上げ続けた。

そして闇雲に、その場から逃げ出そうとしたが、足が縺《もつ》れて転倒した。

痛みに耐えながら身体を起こそうとしたとき、周りにいた人々が物凄い剣幕で神社のほうへ向かって走っていくのが目に入ってきた。

鳥居を抜けると、神社へと連なる長い石段がある。

石段を登り切った辺りには、鳥居からでも見えるような大きな樹が立っている。

走っていく人々は、皆大樹の下に集まって、何事かを言い合っていた。

後に聞いた話によると、その樹は樹齢数百年にもなる御神木であり、あのとき幹の中央辺りに大きな亀裂が走るのを、何人もの人が目撃していたのである。

「ええ。勿論お祭りは中止になったみたいです。鳥居と御神木があんなことになってしまったんですから」

こっそりと自室に戻ってきた彼女は、何も見なかったことにして、とにかく眠ることにした。

「そして、その夜のことなんですけど……」

そう話し始めた途端、まるで鋭い痛みが走ったかのように苦悶の表情を浮かべながら、彼女は膝の辺りに目を落とした。

暫しの沈黙の後、彼女はぼそりと言った。

「……これ以上は、話せません」

彼女は痛みに耐えるかのように、右膝をそっとさすり始めた。

「……どうかされたんですか？」

そう訊ねてみるが、彼女の態度はがらりと変わった。

「いやっ！　これは、全然関係ないですからっ！　いや、本当です。アレとは全く関係ないですからっ！」

口内から唾を飛ばしながら、真っ赤な顔をして必死に否定し続ける。

酷く痛むのであろう。時折顔を顰《しか》めながら、懸命に右膝をさすっている。

そして、彼女は何事かを呟いた。

それは余りも小声で聞き取り辛かったが、私には辛うじてこう聞こえた。

「ごめんなさい。これ以上は話しません」

裏神社

関西地方の小都市にその神社はある。

くすんだ朱色の鳥居を潜ると、左に小さな手水鉢《ちょうず》。

か細い湧き水が竹の樋《とい》を下ってくる。

境内や本堂から鐘楼までも氏子達による管理が行き届いており、古びてはいるが美しく整えられている。

この神社の近くに木崎さんの実家がある。当然、木崎家も氏子である。

幼い頃、境内は格好の遊び場だったが、本殿の裏側だけは近付けなかった。

通常なら、自由に行き来できる場所だ。ここに賽銭箱を置いている神社は多い。

裏詣りと称し、より強く願いを叶えてほしい者が使う場合もある。

木崎さんが遊んでいた神社は、これが不可能であった。

本殿裏の広い範囲が高い塀で囲まれていたからである。

出入り用の木戸はあるが、常に施錠されて中を覗くこともできない。

両親を含めた町内の大人達からは、絶対に入らないよう言われていた。

言われずとも、木崎さんを含め子供達は本殿裏を避けていた。

異様に臭いのである。未だかつて、子供達が嗅いだことのない臭いであった。

幸いにも臭いのは裏口周辺だけである。そこさえ避ければ支障はなかった。


成人式の日、木崎さんは母親に言われて神社に向かった。

神社委員の引き継ぎである。成人式がある月は、一年の任期が終わる月でもあった。

予め定められた順番によって次の委員は決められるのだが、成人になった者は否応なく任命されることになっていた。

集合場所である本堂には、見知った顔が何人も集まっていた。ちょっとした同窓会の様相を呈している。

町内会長の挨拶で会は始まった。まずは会計報告が成され、続いて次の神社委員長と委員の選出である。

合わせて木崎さん達新人が紹介された。

一通り終わったところで、木崎さん達は町内会長に呼ばれた。

特別な仕事を教えるといわれ、本殿の裏に連れていかれた。

相変わらず臭い。子供の頃と変わらぬ臭いに、木崎さんは妙な感動を覚えたという。

町内会長は木戸を解錠し、手前に開いた。

異臭が勢いを増して襲ってくる。

木崎さんは、漸くそれが腐敗臭だと気付いた。

塀の中に入り、まず目に付いたのが鳥居である。それほど大きくはない。

塀で隠され、外部からは見えない程度のものだ。見た感じは、かなり古い。その奥に本殿の裏口が見える。

頑丈そうな鉄製の扉である。

戸惑う木崎さん達の先頭に立ち、町内会長は扉の鍵を開けた。

更に臭いが増す。

扉の内部は、地下へと続く階段であった。岩盤を手作業で掘り進めたような粗い造りの階段だ。

階段の下にもう一つ扉がある。開けると、いよいよ臭いが激しくなってきた。

週に一度、この部屋の掃除を任せると言いながら、町内会長は部屋の明かりを点けた。

室内は、地上の拝殿と全く同じ造りである。賽銭箱と鈴まで設えてある。

唯一、狛犬が違っていた。狛犬ではないのは分かるのだが、では何かと訊かれると答えようがない。

何かの動物であるとしか言えない。

拝殿の奥には朱色の扉があった。

「あの扉はできるだけ見るな。多少臭いだろうが、マスクとかは持ち込み禁止。それと、この裏拝殿が何なのか探らないように」

木崎さんを含め、その場にいた新成人は八名。全員がぼんやりと頷いた。

地上に戻った木崎さん達は、掃除当番の日程を決めた後、それぞれが帰途に就いた。

帰宅した木崎さんは、裏拝殿のことを訊こうとしたのだが、母親に先を越された。

「探らないようにって注意されたでしょ。それは家族でも同じ。訊いちゃ駄目」


それから一年の間、木崎さん達は裏拝殿の掃除に勤しんだ。

週に一度を八人で回すため、それほど頻繁ではないのが幸いであった。

木崎さんは気にしないように努めていたのだが、仲間の一人である戸倉という男は納得できなかったらしい。

戸倉は神社の歴史を事細かに調べ、次いで町内の過去も徹底的に調べ上げた。

何カ月か後、戸倉から呼び出しが掛かった。

調べた結果を皆に教えてやると息巻いていた戸倉だが、待ち合わせ場所には現れなかった。

それどころか、突然消息を絶ったのである。

それから暫くの間、裏拝殿は無臭となった。全く何の臭いもしないのだ。

良かったと喜べたのは僅かの間であった。

東京のアパートで戸倉の遺体が発見された日、臭いは復活した。


任期を終えてから半年の間、木崎さんには幸運ばかり訪れた。

今現在に至るまでにも、何度か裏拝殿の掃除を勤めることがあった。新成人の数が足りない場合、氏子に割り振られるのである。

やはり、毎回同じように幸運がやってきたという。

閉じた石庭

及川さんは寺巡りを趣味にしている。

特に愛するのは石庭だ。

同じ趣味の人たちと交流したくなった及川さんは、とある旅サークルに入った。

何度か参加するうち、秦野さんという女性と仲良くなった。

秦野さんは及川さんを上回る石庭好きであり、自宅の庭を改造してしまったほどであった。

夫婦と犬二匹だけの家であり、御主人公認とのことだ。

結構な広さの庭に岩と白砂を設《しつら》え、専用の道具も揃っている。

及川さんが訪ねたとき、秦野さんは大徳寺の石庭を真似ている最中であった。

素人とは思えない手つきを称賛すると、秦野さんは恥ずかしそうに喜んだ。

何と、伝手を頼って庭師に弟子入りしたのだという。

既に引退していた庭師だったが、だからこそ入門を許されたのだろうと秦野さんは言った。

それほど入れ込んでいた秦野さんだが、このところ全くサークルに姿を見せない日が続いている。

気になった及川さんは、お節介とは思いながら連絡を取った。

秦野さんは電話には出たのだが、もぞもぞと呟くだけで一向に要領を得ない。

たまりかねた及川さんは、秦野さんの自宅を訪ねた。寝込んでいるのかもしれないと考え、途中で軽食を買い込んだ。

家は静まり返っている。

何度目かの呼び鈴のあと、ドアがゆっくりと開いた。

顔色が悪い。目の下に濃い隈がある。

心配する及川さんに対し、秦野さんは無表情に言葉を返した。

師匠である庭師から、石庭の図面を譲り受けたのだという。

かなり昔に取り壊された寺の庭らしい。

とてつもなく複雑な構図であり、一秒たりとも気を抜けない。

何度も挑戦したのだが、どうしても上手くいかない。

察するに秦野さんは、寝る間も惜しんで続けているようであった。

秦野さんは話もそこそこに庭に戻っていった。後を追う及川さんに目もくれず、秦野さんは取り掛かった。

まっすぐな線を引くだけでも難しいだろうに、所々に曲線が混じり、円や波紋が絡みついている。

一度取り掛かった線は、一気に引いてしまわねばならないらしい。

確かに、途中で休んだ線は勢いが止まり、引き切れなかった結果が目に見えて分かってしまう。

息を止め、瞬きもせずに後退《あとずさ》る様は、さながら儀式であった。

どっぷりと自分の世界に入り込んでいる秦野さんに、これ以上何も訊けそうにない。

及川さんは、買ってきた軽食をその場に置いて立ち去ることに決めた。

ふと、飼犬達のことが頭に浮かんだ。食べられてしまう可能性は否めない。冷蔵庫に入れておこうと考え直す。

一度来ているから、台所は見当が付く。向かう途中、及川さんは前方に妙なものを見つけた。

縫いぐるみのようだが、近付いてみると嫌な臭いがする。

秦野さんが大切に可愛がっている犬であった。四肢を思い切り突っ張ったまま死んでいる。

少し離れた場所に、もう一匹も横たわっていた。こちらのほうは大量に吐血して死んだようである。

二匹とも亡くなってから時間が経っているらしく、腐敗が進んでいた。

何があったのか訊こうと振り返った瞬間、庭から秦野さんの怒声が聞こえてきた。

「邪魔するな！　あっちへ行け、あんたなんかに負けて堪るか」

これ以上、この家にいてはならない。そう判断した及川さんは、玄関に向かった。

途中、庭の側を通らねばならない。走り抜けながら横目で見る。

庭の中心部で、秦野さんが紫衣の僧侶と向き合っていた。


それっきり、及川さんは秦野さんに連絡を取っていない。

サークル仲間が仕入れてきた噂によると、今でも秦野さんは家に引きこもっているそうだ。

生活はどうしているのか、御主人は何をしているのか。

残念ながら、そこまでは分からない。

千円鶴

高木さんは、工作機械の会社に勤めていて都会暮らしが長かったが、定年退職後にはまた生まれ故郷で過ごしたいと、ずっと考えていた。

奥さんも田舎暮らしに憧れていたそうで、その件は早くから話し合いが付き、決定事項になっていたそうだ。

そして、予てからの計画通り、長年無人になっていた実家をリフォームし、終《つい》の棲家《すみか》として夫婦で移り住んだ。

そこは山の端が迫った高台の土地で、鉄道沿線ではなく利便性は現在でも良いとは言えなかったが、それでも都市化の波は緩徐《かんじょ》に迫ってきているような地域だった。

少なくとも過疎などの心配はなく、むしろ新規住民もちらほらと増えて、子育ての環境を町が整備してPRしているような様子であった。

中規模だが近隣に総合病院も整備されていて、高齢者にとってもほどほどの田舎だという安心感があった。

引っ越してから間もなく、元々の地縁という繋がりから、幼なじみの知り合いに町内会に誘われた。

何分、年金暮らしで暇であったし、元よりそれは覚悟していたので、すぐに入会した。そして、一年もすると寄り合いに欠かさず出席したのが信頼されたのか、推挙を集めていつの間にか役員になっていた。

暫く総務を引き受けていたが、最初に誘ってくれた知り合いから相談があり、山の中にぽつんとあるN神社の会計もやってくれないかという。

N神社……。

子供の頃によく遊びに行った記憶はあったが、確かとうに廃れて無人になっているのではないかと思った。

話を聞くと、昔からの氏子など、およそ三十戸による管理組合が未だに存在するが、皆かなりの高齢になっているとのこと。

維持、整備は氏子会として会費を集め、業者に委託して行っているが、重要な収入源である賽銭について、今までその管理を行ってきた方が病気で入院して困っているとのことだった。

その氏子会の名簿を見ると、完全に町内会のメンバーと重複している。

「……これは、断れないな」

まあ、一つ仕事が増えるだけだからと思い込むことにして、渋々引き受けることにした。

N神社は小さな拝殿と昭和初期に奉納された狛犬、それに木製の鳥居を持つ、有り体に言って全く特徴のない神社だった。

周囲の地目は山林だが、神社そのものは割合低い場所にあり、車で行って駐車場から石段を登ればすぐである。

高木さんは、今まで特に信心をした経験もなく、そこの祭神がその辺りの「氏神」で、また「山の神」であるということしか知らなかった。

梅雨の時期、朝方晴れていたので涼しいうちに賽銭を回収しようと、高木さんはハンドルを握り神社を訪れた。

最初の賽銭回収のための訪問であった。鄙《ひな》びた神社に、そんなに速いペースで賽銭が溜まるものかと高を括っていたが、帳簿を見ると数週間で結構な額になる。

この点、普段信仰心を見せない日本人の秘めた部分なのかもしれないなと不可思議な感想が湧いた。

車を停め、石段を登る。

ざっと見た様子では、よく管理されている印象で、雑草も目立たなかった。

途中で振り返り、鳥居の裏側を見る。その眺めには見覚えがあり、大昔にここで子供だった自分が同じように振り返ったことがあるのかと思うと、妙な感慨が湧いた。

平地になっている境内に入る。

狛犬は幾分古色が付いたのか、やや印象が違っていた。何処か荒んだ感じがしたが、それはやむを得ないのだろうと思った。

拝殿に向かい、作法通り参拝する。

拝殿自体は何度も補修したとのことで、特に破損などはない。むしろ、新しめの建材が当てられているせいか、安っぽくなっている気さえした。

そして、目的の賽銭箱の脇に屈んで、預かった鍵でそれを開けた。

引き出し式の底の部分を引っ張り出すと、かなりの数の硬貨と数枚の千円札、それに……「紙幣鶴」が数個入っていた。

千円札を折った鶴である。

この鶴については、前任者が帳簿と別に「紙幣鶴帳」というものを作り、謂われをその最初の頁に書き記していた。

「……四千円分か」

やはり、毎週通っているようだ。

「もう、二十年近くのはずだが……」

「紙幣鶴帳」に曰く——紙幣鶴で願を掛けているのは、●●字●●に住む●●寺檀家、里中ミホで、毎週参拝あり。

落石事故で落命した児童、佐多久実（享年九）の冥福を祈るものか。

願の次第は秘事なれば誰も訊かず、言わず——。

事故についても記載があり、その日付を確かめると約十八年前のことだった。

隣の小学校校区になるが、そこの児童、佐多久実が通学路としては禁止されている狭い切り通しの道を、恐らく近道として使った際に、落石に遭い死亡した。

稀にその道に石が転がっていることは地域ではよく知られており、子供の立ち入りは大人に口うるさく注意されることが当たり前という場所だった。そのため、これは児童の不注意であるということで落ち着きそうな一件だったのだが、実際にはかなりの悶着が起きたらしい。

「確かに、親は収まりが付かないだろうな……」とは、高木さんも思った。

その切り通しを管理していた行政とも裁判が起きたが、僅かに所有する山林が接する里中ミホさんも訴えられた。

しかし、里中さんの土地は一部に崖があるものの、そこから石が落ちてきて事故現場に達するとは到底思えない距離がある。更に、崖から道への途中には密に生えた雑木林があった。かなり無理筋の訴えであり、大方の予想通り、これは退けられた。だが、一方で道路管理の瑕疵《かし》があるという訴えは認められて、行政の側は敗訴した。

以来、落石防止柵や防護ネットが整備されて現在に至っている訳だが……里中さんのほうが、どういう経緯なのか、敗訴した側より一層酷く責任を感じてしまったらしい。

そう裕福でもないはずなのに、私費で自分の山林に落石防護柵を施し、切り通しに慰霊のための地蔵堂を建て、更に願掛けをしてN神社に毎週通っているのである。


「願掛け……ねえ」

家へ戻り、細かく折り込まれた紙幣鶴を解しながら、高木さんは考える。

何かを祈念して、そのために自分に試練を掛けるという立願行為は、広く一般にも行われている。

まず、「断ち物」というのがある。

何かを願って酒を断つ、禁煙する、好物を食べない。

或いはお百度を踏んだり、水垢離《みずごり》したり、何か宗教の修行っぽくなったり……。

だが、以前聞き及んだ話では、願掛けというのは「決心」という心的エネルギーで強く人格が動かされるが故に、心が不安定になるというのか、稀に非常にパーソナルな方向へ行為が傾くことがあるのだそうだ。

丑《うし》の刻詣りのように、負の方向の呪術的なものに変貌することもあるようだし……これはまだ意図や伝統的な由来が分かるだけマシで、甚だしい例では神社の境内で割腹自殺して何かを祈念したという、とんでもないことも起こっているらしい。

つまり、突き詰めてしまうと、本人にしか意図も行為も意味が分からない願掛けというものも存在するのである。

それに、その願掛けの意図が他人に知れると、立願の効力自体が失われてしまうというのも、この呪術行為の一般的な構成要素なのだった。

であるから、何の意味があるのかは詮索すべきではないというのは理解していた。

だが、つい思ってしまう。

「何の願掛けだろう？」

しわくちゃの千円札に変貌した紙幣鶴を見つめて、高木さんは思った。

「やはり、事故死した児童の冥福の為か……」

……それとも、事故の原因が自分の土地由来の石だとでもいう確信でもあったのだろうか？

高木さんは、三週に一度くらいのペースで賽銭の回収を続けた。神社の帳簿は勿論、「紙幣鶴帳」にもきちんとその金額を記入し、氏子会名義の通帳に入金していった。

ある日のこと、いつものように賽銭箱の底を開けると、何だか溜まり部分の様子が違っている。

必ず複数個入っていた紙幣鶴はこの日は一羽だけで、箱の片隅で硬貨に埋もれていた。

……だが色味が違う。

手に取ってみると、それは一万円札で折られていた。

高木さんは少し不可解に思ったが、そのときは「十週分まとめたのか」と思うだけであった。

だが、その三週間後に赴くと、今度は一万円札の鶴が三羽入っていた。

繁忙などで暫く来られない等と、幾らでも説明が付くからだ。

「これは……」

流石に、高木さんにも閃くものがあった。参拝の……いや正確には賽銭を供えるペースが十倍になっているのである。

何故かと考えを巡らして、すぐに自身を含め年寄りが共通して奥底に抱える、不祥な答えが出てきた。

……里中さんには、もう時間がないのかもしれない。

――そして、その三週間後に高木さんが神社を訪れたとき、紙幣鶴は一羽も賽銭箱に入っていなかった。

やがて、人伝に里中さんが入院していると聞いた。病名については分からなかったが、あまり状態は良くないとのことだった。

もう、神社に来ることは叶わないだろう、と。

こうなってくると、高木さんには気になることがあった。

実はずっと思っていたことなのだが、ひょっとして里中さんは、「千円鶴での千羽鶴」を目指していたのではないのか？

計算上では、週一回通うと約二十年でそれは達成される。

金額は丁度、百万円になる。

「紙幣鶴帳」には、ちゃんと年度ごとの締めの金額が記載されており、それを全て足して総額を求めてみた。

自身の会計に代わってからの分も、それに加える。

……全部で、九十九万九千円となった。

「……うーん」

高木さんは、月締めの金額で合算してみたが結果は変わらなかった。

とうとう回収日ごとの金額を、いちいち足してみることも行ったが、やはり九十九万九千円で……つまり、千羽鶴には、どうしてもたった一羽が足りないのであった。

それが分かると、これは余計なことをしたのではないかと、急に高木さんは後悔した。

つまり、里中さん本人は勘違いで千羽鶴を達成したと思っているのかもしれないので、一羽足りないことを、もう参拝できそうもない里中さんに伝える訳にはいかない。

或いは、あと一羽で満願できることを里中さんが自覚している場合、その無念さは間接的に関わっているだけの高木さんにも、強く胸を抉るものがあった。

後者の場合、激しくこの世に未練が残りそうで、このままでいいのだろうかと思った。

そして、このように事態を把握して、高木さんが煩悶《はんもん》を抱えている最中に、早々と里中さんの訃報がもたらされた。

里中さんは別の町内会なのだが、二十年も神社に通っていたためこちらにも顔見知りが多かった。

葬儀に参列するという人もおり、その中の一人が役員だったため、迷いもあったが高木さんは知り得たことを全て話して相談してみた。

「ああ、なるほど。そんなふうか」

と、割合あっけらかんとその老人は言った。

「けど、『願ほどき』をやるんと違うかなあ。あのお寺さんは」

「願ほどき？」

「願戻しともいうな。要するに神さんとの約束事をチャラにして、死んだ後は仏さんの力に全て頼らせてもらうんや。極楽往生するには、まあ、そういう上手くできた仕組みというか、仕来《しきた》りがあるんやな。だから、もし願掛けが未達成でも、別に心配せんでもええで」

「……そうですか」宗派が違っているせいか、そんな仏事があることを、高木さんは全然知らなかった。

もっとも、今まで参列した葬儀は、都会の大手葬儀会社のシステマティックなそればかりあったし、宗教についても、そんなに勉強してきた訳ではない。

「けど、あのお寺ももう代替わりしとるからな。今、葬式のたびにやっとるんかなあ？……ちょっと待ってや」

老人は携帯電話を取り出して、手早く番号を検索した。すぐに、寺のものがあったのだろう、躊躇《ちゅうちょ》せずにそれへと発信した。

「あ、すんません。御住職は……ああ、左様ですか」

暫く話し込んでいたが、電話を切ると、

「坊さんは留守で梵妻《ぼんさい》さんやったけど、事情を言うたら、それはちゃんとやらないといけませんね、と言うてらしたで。願ほどきをすると、家族にも伝えてくれるそうや」

「ありがとうございます」

「で、まあ、ちゃんとやるにしても、家族はそれはやれんし、人任せもできんので、実際は儂がやることになるんやろうけどな」

「え？」

仕来りでは、実際の呪法は非血縁者が行うのだそうだ。

以前、願ほどきを行った際は、出棺の際に米を撒いたのだそうで、

「今度も、たぶん同じやろうな。……なあ、儂の番のときは頼むで」

そう言って、老人は笑った。

里中さんの葬儀が恙なく済んで、数カ月が経った。

初夏の時期で、ある日の午後に高木さんは所用があってある家を訪れていたが、その帰り道でのこと。

自転車で田圃の中の狭道をゆるゆると走っているうち、往路のときは晴れていた空が俄《にわか》に曇ってきた。

「こりゃあ、夕方から降るな」

まだ降り始めるまでには余裕があると思えたが、何となく気が急いてきた。

まっすぐ行くといつも通る町道だ。分かれ道を折れると近道になる切り通しである。

「……こっちから行くか」

例の児童が事故死した道なのだが、別に何の引っかかりもなく、そのときはそう判断したのだそうだ。

ちゃんと整備された小綺麗な道を走っていくと、やがて両側が杉林になり、陰影に富んだ独特の風景になってきた。

そして、両側が法面になり、道も傾斜が付いて小さな峠道のような切り通しになった。山褙《さんし》は法面《のりめん》の上に辛うじて見える感じで、コンクリートの升目が両側にひたすら続いている。

高木さんは自転車でここを通ったのは初めてだったが、過剰なまでに人工的だと感じた。

一番傾斜がきつい辺りで自転車を降り、ふと見ると右手の法面の一部がくり抜かれたようになっていて、小さな石の地蔵がその中に納まっているのが見えた。

里中さんが設置したという、地蔵様である。

「ここか……」

自転車を降り、通り掛かったのも何かの縁だし、拝んでおこうと近付いていく。

それは蓮華台の上に乗った姿の簡素な舟形地蔵で、花立ても香炉もなかった。

ただ、その蓮華台の上に、何かが小石を重しにしてちょこんと置いてあった。

最初、悪戯で飛蝗《バッタ》か何かの虫が潰されているのかと思った。が、石をどけてみると、薄汚れてはいるが――それは、千円札の紙幣鶴であった。

「えっ?」

……すると、里中さんの願掛けは満願していたのか? だが、すると、願ほどきはどうなる? してよかったのか……? いや、どのみち往生するには必要なのだから……?

高木さんは、予想外のことに束の間、惑乱状態に陥った。

思わず後ずさりして、地蔵の側から離れたらしい。

そして、正にそのときに上方で「コーン」という、木の板を槌で叩いたような甲高い音がして、次の瞬間、高木さんの顔の真横を何かが掠めた。

風圧で髪が舞い上がり、後ろで、すぐに真横で、またすぐに行く手の道の何処かで何かの跳ね返る音が続き、そして急に静まった。

「……」

何が起きたのか把握できずに呆然としてしまい、自分の胸元が血で真っ赤なのに気付くのに時間が掛かった。

血は肩口から流れ伝わっており、右の耳朶《みみたぶ》の一部が剃刀《かみそり》で削がれたように負傷していて、そこから出血しているのだった。

耳をハンカチで押さえて止血しつつ、恐る恐る道を辿ると、およそ山の石らしからぬ青黒い光沢を持った丸石が、道路の真ん中に鎮座していた。

子供の頭くらいはある。……さっきまでは、こんなものはなかったはずだ。

「……落石」

高木さんは、急に足が萎《な》えて、暫くその場から動けなかった。

後日、あまりに気になるので高木さんはこの里中さんのことについて、少し調べたことがあるのだそうだ。

だが、すぐにやめてしまったらしい。

里中さんの墓を見て以来、恐ろしくなったのだそうだ。

あれが、何の願掛けだったのか、想像するのも嫌になったのだという。

里中さんの墓は、石碑、納骨部分から墓誌、敷石に至るまで、全て自然石で作られており、それらはどうやら自分の所有地である、あの山の中から集めてきたものらしいとのことである。

斬

「家に日本刀があってさ」

そう小杉さんが切り出した。

彼の父は、実家に日本刀を所蔵している。

銘刀らしいのだが、小杉さんには全く理解できない。

「だって、二回くらい指落として、医者にもめっちゃ怒られてるんだよ。免許取り消しとかになればいいのに。売ったら幾らかになるっしょ」

大体、手入れを終えて鞘に戻すときが一番危ないのだそうだ。


そんな父にはある儀式があった。

親戚で不幸があったとき、また何かの大事の際には、四方払いの真似をするのだそうだ。

自宅の庭で、である。

小杉さんが高校受験を控えた冬の日。

早朝に父に叩き起こされて庭へ出ると、四つの藁束が中央のシートを囲うように立てられていた。

「そこで見ていなさい」

と言われ、小杉さんは縁側からその舞いを見守った。

父は俊敏な動作で、四つの藁を落とした。

「これで何も心配することはない。存分に実力を発揮してきなさい」


「で、志望校にまんまと落ちてさ」

模試の成績からすれば手堅い勝負だっただけに、繰り上げにも掛からなかったことで彼も大分父を恨んだ。

「まぁ、完全に逆恨みだけどさ。他にやり場がないじゃん」

小杉さん以上に凹んだのが父であった。

「翌年、姉ちゃんの大学受験があってさ。そしたら親父がまたやるっていうんだよ。やめろって言ったんだけどさあ」

やはり早朝、姉が立ち会わされていた。

小杉さんも、興味本位で見ていた。勿論、受験に失敗したら笑ってやるつもりである。

だがそのときの父は鬼気迫るものがあった。

本当に居合いの訓練を積んだかのように――華麗に四つの藁束を斬ってみせた。

「おー。やるじゃん」

姉が歓声を上げて近寄った。

小杉さんも縁側を降りて駆け寄る。

ふと見ると、落ちた藁束に札が貼ってある。去年はなかったものだ。

その札には、人の名前が記されている。

見れば、四つの束全てに、それぞれ違う名前が記されていた。

「親父、誰だよこの名前……」

「知らんのか。市長だよ」

「こっちは」

「うちの社長」

「で、姉ちゃんは第一志望に合格して受験成功」

ただ――。

家屋の大黒柱に異変が起きていた。

大黒柱は、父が寝起きしていた床の間にあって、色も黒ずんだ焦げ茶色の立派なものだった。

そこに、縦に大きな亀裂が走っていた。

それも四筋。

刃物による傷ではなく、自然に割れたように見えた。

いつの間にか、音もなくその鮮烈な亀裂が生まれていたのだ。

例の四方払いの前にはなかったものだ。

「それだけならまだいいんだけど……そこから、何だ、樹液がさ」

時折、その亀裂から液体が染み出してくる。

父は「樹液だ」というのだが、それは赤黒く、小杉さんにはそれが血に見えて仕方がなかった。

「そもそも、柱から樹液って出るもんなの？」

ところで同じ頃、何期も務めた市長が健康上の理由で引退したという。

「流石にそれは歳のせいだと思うんだけど……。他に名前を書かれた人たちは知らないな」

その後も、父の四方払いは行われた。

そのたびに大黒柱には亀裂が増えた。

「今は枯れた竹みたいになってますよ。上から縄でぐるぐる巻きにして、どうにか保ってるような感じ」

新聞紙を巻き付けると、それが赤黒く染まる。

もうやめろって言ってるんだけどねぇ、と小杉さんは溜息を吐いた。

叱責

タクシー運転手から聞いた話。

某神社付近を流していて載せた客。長年に亘って、何度か同じ場所で乗せているせいか、もうすっかり顔馴染みだ。

というか、大体毎月この日のこの時間にこの辺りを流していれば必ず拾える、という客なので、狙って車を走らせていたというのもある。

その客が車に乗り込むなり、神妙な顔をして言う。

「今日はちょっと不思議なことのあったとですたい」

この神社は家族共々信心していて、頻繁にお詣りに来る。

今日もいつものようにお詣りして、願うことは商売繁盛と家内安全。よろしくお願いしますと手を合わせた瞬間、ポカリと頭を叩かれた。

頭を押さえて振り返り、周囲を見渡しても誰もいない。

怒られた、と思った。

何で怒られたのか分からない。

が、心当たりがないではない。

「実は、妾《めかけ》のおりますと」

「あ、そら駄目たい」

思わず素《す》で返してしまった。

鉄拳制裁

　宮本さんの実家は中国地方の山間部にある。その集落では、遡ること室町時代から土着の神様を祀っている。その神様は通称を「五間様」という。

　五間様は集落の裏手にある山奥に棲んでいるというのだが、時々山から降りてきて、集落の中を見回るようにうろうろしているらしい。何故なら、逢魔ケ時《おうまがどき》になると、普段は見えないその姿を稀に見かけることがあるからだ。

　漆喰を塗った壁のような胴体に、丸太のように太くうねった筋肉質の手足が生えている。しかしその神様の背丈は、普段は大人の膝丈ほどだという。ちょっとしたゆるキャラのようだが、皆この神様のことを畏れている。

　日暮れ時に山へと帰っていく五間様と、もしも行き合った場合の掟もある。そう難しいものではない。すれ違う際には立ち止まって五間様に一礼するというものだ。五間様を見てしまった集落のものは、老若男女問わず、例外なく五間様に一礼する。それを守らないと、即座に災いがもたらされるからだ。

　もしもその一礼を忘れると、膝丈ほどの五間様はこちらを向いて、餅のように、ぷくうと膨れる。要は巨大化するのだ。膝丈ほどの背だった五間様は、みるみるうちに見上げるほどの大きさになり、その筋骨隆々の硬く握った拳で、その無礼を働いた者を力いっぱいぶん殴るのである。しかも男女を問わない。容赦のまるでない本気の拳だという。子供だけは平手打ちで済むが、あとは巨大なたんこぶを作るほどの打撃が与えられる。

まこと武闘派で御無体な神様なのである。

宮本さん自身も周囲から、五間様には無礼を働いてはいけないぞと言われて育った。

「下手なことをすっと、顔を腫らすことになるぞ」

少なからぬ人数が下手なことをして酷い目に遭わされているというのである。

しかし、五間様は村の守り神でもある。伝承では、かつて大雨が長く続いて山崩れが起きたときに、突如として五間ほどの壁が現れ、土砂を堰《せ》き止めて村を救ってくれたのだと言われている。五間といえば九メートルほどの幅である。そのときに五間様が止めたという巨大な岩が村外れにある。

あくまでも伝承の中での話ではあるが、五間様は大人の背丈よりも大きい岩を止めたということになる。小さな集落に土砂が流れ込んだならば、田畑は壊滅状態になっていたはずであり、それを防いだというのならば、土着の神様としてお社に祀られているのも無理のないことだ。

大学で民俗学のゼミに入った宮本さんは、五間様について調べ始めた。

春休みを通じて村内で聞き取りをしているうちに、平成の時代であっても、集落では五間様に纏わる不思議な体験をしている人が少なくないことが分かってきた。

曰く、夕方に五間様を見てしまって、驚いてそのまま頭を下げずにいたら、頬骨に固いものが当たって数日寝込んだ。

曰く、夜に山の中に入っていくと、二メートルを超える巨体を持つ何者かに担ぎ上げられて山から放り出された。

曰く、禁猟期間にこっそりと獲物を獲りに山に入ったが、何者かに恐ろしい勢いでぶん殴られ、おかげで顎が暫くの間使い物にならなくなった。

更に村に伝わる古文書にも様々な伝承が伝わっている。

集落が鬼に襲われ、女性や子供も攫《さら》われたが、間もなく五間様によって救われたという話や、山賊が近くの山を根城にしたときにも、何者かがその山賊達を殴り倒して平和をもたらしたという話も伝わっている。

何処までいっても拳で片を付けようという神様なのだ。

あるとき、ゼミで自分の故郷の面白い神様の伝承を調べていると漏らすと、それを聞きつけた堤と西川というゼミ生の二人が是非集落に遊びにいきたいと言い出した。

「祟りじゃなくて、直接暴力を振るう神様っていうのは珍しいよなぁ。しかも集落をうろうろしてるんだろ。滞在してれば見られるかもしれないって、それって凄いことだよ。体験者も何人もいるみたいだし、夏休み是非直接話を聞きたいよ」

それならばと宮本さんは実家に連絡を入れた。同じゼミの学生ならと両親も歓迎してくれた。ホテルや民宿などといった気の利いたものは集落にはないが、長逗留するというなら家に泊まればいい。部屋は余っている。

何なら自分が実家に帰ったときに押し付けられる力仕事も二人に手伝ってもらおうか。


夏休みが始まると同時に、三人は集落を訪れた。早朝から鈍行列車を乗り継ぎ、途中からは路線バス。到着したときには夕方になっていた。

「もう日が落ちるのか。山あいだと日が暮れるのが早いんだなぁ」

「凄い所だね。山がすぐ村の裏手に迫ってる。ここに神様がいるのかぁ」

「この山って、何か道とか作られてるのか」

「山は山ごとに所有者がいるからね。その家の人たちが山菜採りとかに使う道はあるはずだよ。ロープも張ってあるところが多いね」

宮本さんには子供の頃から当たり前だった風景が、彼らには心底物珍しいようだった。


「お世話になります」

「よくいらっしゃいました」

実家の父母に挨拶をしていると、不躾に堤が訊ねた。

「あの、五間様の姿を見ることができるのって、今頃の時刻ですか？」

「うん、ああ。そうだね。ゆっくりしていきなさい」

無邪気な顔をして訊ねた堤に、宮本さんの父親はぎこちない顔で微笑んだ。


その夜、宮本さんは二人に明日からの聞き込みについて、計画を練るべきだと話を振った。すると、二人はキョトンとした顔をした。

「そんな必要ないだろ。夜に山の中に入るだけで怒って追いかけてくるって話じゃないか。だったらそれを直接撮影したり、何なら捕まえればいいじゃないか」

堤はキックボクシングを習っている。腕っ節には自信があるらしい。

「殴りかかってくるっていうなら、殴られる前に避けちまえばいい。あと腕も足も生身なんだろ。なら攻撃できるはずだ。今夜早速山に行くぞ」

何という恐れ知らずなことを考えるのか。宮本さんは村の決まりごとだから、自分は夜には山に入りたくないと答えた。

「お前、そんな迷信みたいなのを信じてるのか。またとないチャンスだぞ」

確かに実際に五間様の姿を見たことはない。姿を見たいとも思っているが、一方で集落のために力を尽くしてくれている神様でもある。信仰とまではいかないとしても、できるだけ尊重したいと思っている。

「いや、親からも周囲の大人からも、夜の山には入っちゃいけないと、ずっときつく言われてきたから、僕はやめておくよ」

「そうか。それなら無理強いはしないけど、俺らが行くのは止めないでくれよ」

西川も堤に同行するらしい。二人は持参したヘッドライトを頭に装着すると、五間様とやらをノックアウトしてくるぜとファイティングポーズを取った。

自分以外の家族は、既に寝てしまっている。

夜に山に入ること自体が危険なことなのは分かっているのだろうか。

「せめて遭難しないように、道からは外れないようにしてくれよ」

「大丈夫大丈夫。ロープが張ってあるならその範囲にしとくから」

玄関先でそう言い残して、二人は出ていった。

二時間ほど経った。もう午前二時を回っている。しかし二人は中々帰ってこない。

宮本さんが心配していると、バンバンと家の玄関の引き戸が音を立てた。誰かが力任せに叩いたようだ。

二人が帰ってきたのだろう。急いで駆けつけると、両親も起き出してきた。

「お前の友達だろう」

父親が落胆したような声で訊いた。

宮本さんが引き戸を開けると、堤と西川の二人が、肩を支えあうようにしてへたり込んでいた。

「助かった……」

がっくりと項垂《うなだ》れる。

「どうしたんだ」

「殴られた……」

家に入るように促すと、よろよろと立ち上がり、転がり込むようにして土間に入った。

よく見ると鼻血で服の前が血まみれである。顔面も腫れて人相も変わっている。

「大丈夫か？」

慌てて駆け寄ろうとする宮本さんを父親が制した。

「二人とも、何があったかを正直に話してみなさい」

その口調は、煮立った怒りを無理やり抑えた、決して逆らうことのできないものだった。

宮本さんにけしかけるように言ってはみたものの、二人とも深夜に山に入ったことはほぼなかった。正確には西川がガイドの付いたナイトハイクに参加したことがあるだけだ。ただ、村の中を歩いている限りは夜でも明るかった。満月は少し過ぎていたが、天頂の月が煌々と二人を照らしていたからだ。二人はこれなら大丈夫だと安心した。

だが、山に一歩入ると、周囲は思った以上に真っ暗だということに気付かされた。ヘッドライトは光量の大きいものを選んでいたが、昼間でも薄暗い森の中は、放たれた光を吸収する闇に満ちていた。空を見上げると、明るい月が葉の間から覗く。しかし、数メートル先の藪に何かが潜んでいても、それに気付くことはできなさそうだった。

野犬、猪、熊、他にも危険な動物と鉢合わせしないとも限らない。

時折聞こえてくる得体の知れない鳥の鳴き声に顔を見合わせながら、二人はおっかなびっくり深夜の山の奥へと進んでいった。

十分程歩いたところで、西川がびくっと身体を震わせて立ち止まった。

「あれあれあれあれ！」

前を指した指が震えている。

真っ白なコンクリートの壁に手足が生えた姿。上背は二メートルを軽く超えている。横幅もその半分以上。だが頭部がない。アメフトのオフェンスに箱状の着ぐるみを着せたように見える。

「やるぞ。手足は生身だ！」

堤が自分自身を鼓舞するために大声を上げた。

壁男の間合いに入っても、あれだけの巨体なら、打撃モーションは大きくなる。堤はそう読んでいた。

壁は一歩一歩ゆっくりと確かめるようにして歩みを進めてくる。

隙だらけだ。

あと一歩で間合いに入るというところで、堤は声を上げた。

「かかってこい！」

だが、それを言い終わる前に、顔面に衝撃が走った。ノーモーションだ。避けるとか避けないとか、そういう次元のものではなかった。

衝撃が信じられないほどに重い。例えるならグローブを着けていないプロのボクサーが、素手の内側に小銭を握り込んでぶん殴ると、こういう重い打撃になるのではないか。いや、重機かホームに入ってきた電車にぶっ飛ばされるとこんな衝撃かもしれない。

その一発で、堤の意識は半ば飛びかけていた。試合でも、こんなに重い打撃は食らったことがない。続けて二発目。三発目。その一発一発がとてつもなく重い打撃だった。

到底人間のものとは思えない。

いや、そもそもこれは人間の拳ではなかった。

カミサマの拳だ。そうか。やっぱカミサマに喧嘩売っちゃいけなかったか。

そう思った瞬間、きつい一発が顎を襲った。それで意識がぷつりと途切れた。

手足の生えた壁の姿がファイティングポーズを取る堤の間合いに入った瞬間、西川の顔面を衝撃が襲った。

ごつんという衝撃とともに熱いものが顔に広がる。痛みよりも熱のようなもの。その後でやっと自分がぶん殴られたのだと理解した。

俺が殴られたのか？　戦うのは堤だろ。

何が起きたか、全く分からなかった。目を開いても視界が闇に覆われている。先程の一発でヘッドライトが何処かに飛んでいってしまったらしい。

ごつん。

熱の塊が再び顔面を襲った。一発で終わらなかったのだ。西川はその場にへたり込んだ。へたり込んでも許してはもらえなかった。

ごつんごつんといいやつが何発も顔面を襲う。

もう身体に力が入らない。腕を上げて遮ることもできない。一方的に嬲《なぶ》られるばかりだ。涙がぼろぼろと流れた。やめてくれと叫ぼうとしても、声を上げることすらできなかった。数え切れないほど殴り続けられ、最後は顔から地面に倒れたところまでは記憶がある。

二人はお互いが倒れたところまで確認できていない。ほぼ同時に意識が飛んだらしい。

意識を取り戻すと、先程山へと足を踏み入れた麓の道に、二人して寝そべっていた。瞼が腫れて視界が狭い。声を出そうにも唇が腫れて、痛みで口が開かない。どうやら失禁したらしく、股間は濡れて異臭を放っていた。二人は肩を支えあって、ふらふらになりながら集落まで戻った。そして最後の力を振り絞って引き戸を叩いた――。

そんな二人の告白を黙って聞いていた父親は、二人を一喝した。

「最初からそんなことだろうとは思っていたが、君達のやったことはこの村の掟を破るという重大なことなんだぞ。この罰当たりが！」

彼はすぐに落ち着きを取り戻したようだったが、続けて二人に引導を渡すように言った。

「君達は生命が助かっただけでも儲け物なんだ。明日、医者に連れていくけども、すぐにこの村から出ていってくれ」

項垂れていた二人は無言で頷いた。


翌日の二人の顔は紫色に変色しており、歪《いびつ》に腫れ上がっていた。

医者にも見せようとしたが、うちにはレントゲンがないからと診断自体を断られた。恐らくもう集落中に噂が広まった後だったのだろう。

二人は街まで出て診断を受けたが、共に奥歯は割れて前歯も失われ、顎の骨すら骨折していた。診断の結果、数週間を流動食で過ごす羽目になり、結局大学は休学してしまった。

宮本さんは翌年に無事卒業したが、もう神様に関わるのはこりごりとのことである。

寝菩薩

中岡さんは同僚の新谷さんからこんな話を聞いた。

新谷さんが暮らす村にある寺の話である。新谷さんは、この話を今は故人となった祖父から聞いていた。

古い寺だ。管理者はいない。掃除などは村人が交代で行っている。

普段は閉ざされ、法事のときにだけ利用される。

そのときは、他所から坊主が出張してくるのだが、昭和初期の頃は住職が在住していた。

建立された年は不明である。恐らく安土桃山の頃だろうと言われていた。

本堂、僧房、鐘楼のみの小さな寺だ。

それ以外の建物として、僧房の裏手に掘っ立て小屋があったという。


前述の通り、昔は住職がいた。

この住職はいつの頃からか病的な性癖を持ってしまい、その嗜好を満たすべく女を連れ込み、小屋に監禁していた。